QC 小组活动指南

邢文英　主编

陈泓源　熊　伟
陈秀云　周天祥　编

中国社会出版社

图书在版编目 (CIP) 数据

QC 小组活动指南 / 邢文英主编． -- 北京 ：中国社会出版社，2003.7（2024.5 重印）
ISBN 978-7-80146-770-6

Ⅰ.Q… Ⅱ.邢… Ⅲ.质量管理—指南 Ⅳ.①F273.2-62

中国版本图书馆 CIP 数据核字 (2003) 第 054104 号

出 版 人：程　伟　　**终 审 人**：王　前
责任编辑：杜　康　刘云燕　　**责任校对**：丁　一
封面设计：中京质量科技开发公司中京书店

出版发行：中国社会出版社　　**地　　址**：北京市西城区二龙路甲 33 号
邮政编码：100032　　**编 辑 部**：(010)58124864
网　　址：shcbs.mca.gov.cn　　**发 行 部**：(010)58124845
经　　销：新华书店

印刷装订：中国电影出版社印刷厂　　**开　　本**：140 mm × 203 mm　1/32
印　　张：8　　**字　　数**：190 千字
版　　次：2003 年 8 月第 1 版　　**印　　次**：2024 年 5 月第 28 次印刷
定　　价：28.00 元

中国社会出版社微信公众号　　中国社会出版社天猫旗舰店

主旨

- 以 QC 小组活动为主题
- 针对活动存在的问题
- 分析常见错误
- 正确使用 QC 小组活动的程序与方法

序

今年是我国开展质量管理小组（QC 小组）活动 25 周年。

25 年来，随着改革开放和经济发展，我国的 QC 小组活动从无到有、从弱到强，不仅培养和造就了大批人才，同时也为企业和社会创造了巨大的效益。回顾 QC 小组活动历史，大致经历了三个发展历程，即在地域上从内地到沿海，在企业类型上从国企到“三资”企业，在产品类型上从制造业到服务业，其活动覆盖面之广、开展时间之长、参与人数之多，在我国前所未有。

我国自 1978 年开始从日本引进全面质量管理，作为质量管理四大支柱之一的质量管理小组同时被引入。1979 年 8 月，原国家经委在北京召开了第一次全国质量管理小组代表会议，以后每年召开一次，从未间断。目前，累计注册的小组为 2000 万个，创造的经济效益达 3600 亿元。从 QC 小组注册的数量看，自 20 世纪 80 年代初期，每年以超过 20%的速度递增，到 90 年代中期后，小组数一直维持在 150 万至 170 万个。

近年来，由于企业面临着体制改革、结构调整、减员增效的新形势，企业的各种经营模式、管理理念、管理方法及手段也因此经受着考验与冲击。在这种情况下，QC 小组这一群众性质量管理活动却能坚持下来，并呈上升趋势，究其原因，首先，得到国家各级政府的支持，这是我国 QC 小组得以持续发展的根本保证。其次，建立了由中国科协、全国总工会、共青团中央、中国质协及有关省市、行业和专家组成的全国群众质量管理领导小组，各地区与行业也建立了相应的组织，形成了自上而下、通力合作的全国 QC 小组活动推进体系。特别是企业领导非常重视，建立了 QC 小组活动制度，在企业内部形成了党政工团齐抓共管的局面。另外，通过培训教育和小组实践，培养和锻炼了大批骨干和优秀人才；每年定期表彰和奖励优秀 QC 小组、质量信得过班组、质量管理小组活动优秀企业、优秀推进者、卓越领导者等，调动了各方面人员的积极性，促进了 QC 小组活动深入扎实地开展。

实践证明，QC 小组活动是提高企业质量管理水平的一种有效手段，它运用科学有效的思想、程序和方法，解决现场质量问题，开发新产品（新服务项目），开拓新业务，创造有魅力的质量。

为了顺应当前形势的发展和变化，更好地指导企事业开展 QC 小组活动，中国质量协会组织专家、QC 小组活动推进者编写了本书。本书针对 QC 小组活动存在的问题和常见错误，通过大量案例正确引导 QC 小组应用科学的活动程序和方法，提高小组活动的有效性。可以说，它是一本推进 QC 小组活动的实用手册。

此书是全国广大 QC 小组活动实践者、推进者以及专家们辛勤实践、不断探索的结晶。在此，表示诚挚的感谢！

马林

2003 年 3 月 10 日

前　言

QC小组活动随着全面质量管理在我国的推行而开展以来，至今已20多年了。QC小组活动的领域越来越广泛，从工业企业发展到商业、交通运输业（包括水、陆、空运输）、旅游业、邮政电信业、电力系统、医疗卫生系统、金融保险业等各个领域。我国目前除党政机关、军队、学校尚鲜见QC小组活动外，其他行业都有QC小组在活动，虽然普及面各不相同。QC小组活动覆盖了全国各省、自治区、直辖市及港台地区，2002年度全国共注册登记QC小组118万个；活动的课题类型也突破了原有的现场型、攻关型、管理型、服务型，出现了一些“创新型”课题。

QC小组活动是一种群众性的质量改进活动，参加活动的人员因受教育程度不同、起点不同、经验不同，活动的水平和效果也很不相同，活动中存在着一些这样或那样的问题。中国质量协会，各行业、各地区质量协会，一些企业都先后组织过多次QC小组骨干培训。据不完全统计，2002年全国各地区、行业质协共组织QC小组骨干培训达400万人次，但仍然远远满足不了广大QC小组成员的需要。为此，中国质量协会会员与现场工作部组织国内有关专家编写这样一部具体指导QC小组活动实践的“作业指导书”，供QC小组成员自学，边学边干，以便少走弯路，提高活动的有效性。《QC小组活动指南》重点介绍应如何具体活动，每一步应怎样做，可以运用哪些方法，并结合我国QC小组活动的经验和存在问题，提示每一活动步骤和方法运用中应注意的问题。每一章节都将QC小组活动程序与选用方法结合起来，一并介绍，并尽可能地列出了一些实例加以说明。它是已出版的《QC小组基础教材》的补充读物。希望这本书的出版，能为所有QC小组成员提供这样的帮助，即不管你是否系统地接受过QC小组知识培训，都可以按照本书的指引去开展活动，并取得成效。

本书所述的具体活动程序除第一章第二节外，均是按“问题解决型”课题的活动程序详细介绍的。对于“创新型”课题的具体活动程序，我们将在今后出版专门的书籍中，与大家共同切磋。

本书由中国质量协会组织编写，参加编写人员有：邢文英、陈泓源、熊伟、陈秀云、周天祥。由于编写水平、时间有限，不妥之处在所难免。欢迎读者对本书提出宝贵意见，以便进一步修改，更好地满足 QC 小组成员的需要。

2003 年 3 月 · 北京

目　录

第一章　QC小组活动程序概述

国内外大量实践证明，QC 小组活动是广大员工参与组织的质量改进的一种很有效的方式。其之所以很有效，原因之一就是 QC 小组活动遵循着一种科学的活动程序，因而可以使 QC 小组活动少走弯路，以较短的时间、较少的投入获得较好的效果。这个科学的活动程序就是 PDCA 循环，即计划—实施—检查—处理四个阶段的循环。

目前从我国开展的 QC 小组活动的课题来看，主要有现场型、攻关型、管理型、服务型和近两年刚刚提出的创新型这五种类型。前四种课题类型，都是针对现状存在某种问题（或是与现行标准相比有差距，或是与上级下达的指标或要求相比有差距），弄清其原因，针对主要原因，拟定改进措施，以改善现状，达到规定的标准或要求，因此，往往被人们统称为“问题解决型”课题。而创新型课题，则不是针对现状存在问题作改善活动，而是想追求一种新的境界，或使工作更加卓越，为此探寻新的思路、创造新的产品、提供新的服务、研究并采用新的方法等，这些通常是以前不曾有过的，故被称为“创新型”课题。两类课题的具体活动程序也有所不同。下面就分别对“问题解决型”课题与“创新型”课题的具体活动程序予以说明。

第一节　“问题解决型”课题活动程序

“问题解决型”课题包括现场型、攻关型、管理型、服务型课题，是大多数 QC 小组选择的活动课题类型。它们的活动程序基本上是相同的，只是由于活动课题的目标值是指令性的或是自定的不同而略有区别。

一、自定目标值的课题活动程序

如果 QC 小组活动课题的目标值是由 QC 小组成员自己确定的，那么它的活动程序就应该遵循下述步骤进行，见图 1-1。

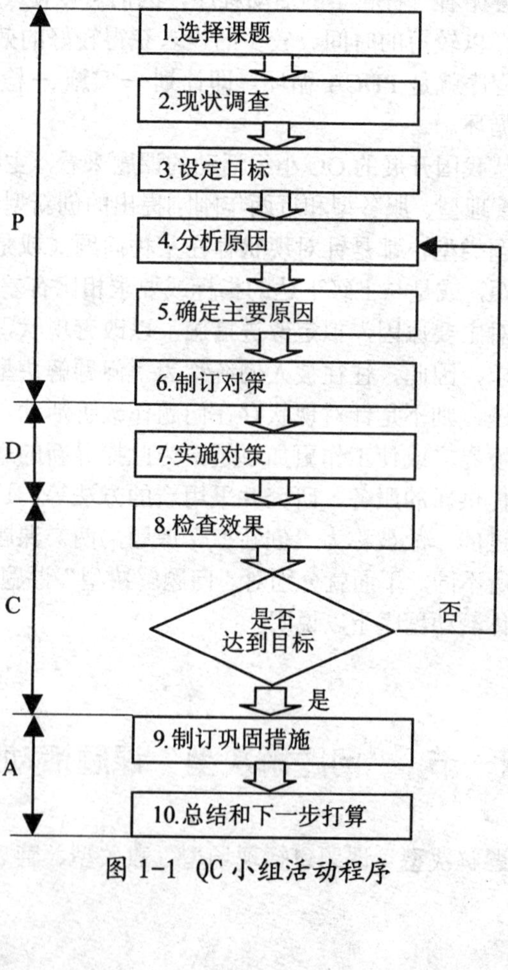

图 1-1 QC 小组活动程序

1．选择课题

这一步就是要明确 QC 小组开展活动的改进对象是什么，应简单精练，直截了当。

所选课题既要是通过开展 QC 小组活动才能解决的，而非一个人就可以改善的；又要是本 QC 小组成员力所能及的，是通过小组成员的集体智慧、创造性和共同努力可以解决的。不能选择过大或小组成员不能解决的课题。具体做法见第二章。

2．现状调查

这一步就是要弄清楚小组所选的课题现状如何，问题严重到什么程度，以便为设定目标提供依据，并为检查改进活动的效果提供对比的标准。

现状调查必须收集有关的数据，以说明客观事实；这些数据应是离小组开始活动时间最近的现实的反映，而不要用距小组开始活动时间较远的数据；还要运用适当的“工具”将这些数据加以整理，以帮助小组成员找到问题症结所在。具体做法见第三章。

3．设定目标

目标是 QC 小组活动预期取得的成果，必须具体、明确，直接针对课题（改进对象），并加以量化。目标应该是具有挑战性的，又是小组成员经过努力可以达到的。这样，才能调动 QC 小组成员活动的积极性。具体做法见第四章。

4．分析原因

这一步是针对现状调查时找出的关键问题，寻找其产生的根源。要让小组成员从人、机器设备、原材料、方法、测量及环境等方面充分发表意见，然后恰当地运用“工具”按因果关系加以整理，直至找出能直接采取对策的末端原因为止。具体做法见第五章。

5．确定主要原因

主要原因一定要找准，否则后面的努力就会徒劳无益。确定主要原因时，一是要从原因分析时找出的全部末端原因中去逐一加以确认；二是确认的方法应是尊重客观事实的现场验证（如到现场实地观察、查阅相关记录、现场测量、试验、调查等），不能主观确定；三是判断是否是主要原因的标准只能是对问题的影响程度大小，而不能以该原因是否容易解决为准。具体做法见第六章。

6．制定对策

这一步就是要针对主要原因制订改进计划。在制订改进计划时，一是要让小组成员充分提出可能解决的各种对策，然后再对每个对策进行综合评价、相互比较，从中选出准备实施的一个对策；二是要按照对策表的表头（即“5W1H”）明确对策、对策的目标、具体措施、实施地点、负责人、完成时间等项内容，以便具体指导实施改进。具体做法见第七章。

7．实施对策

这一步要求严格按对策表中的具体措施、负责人、地点和时间进度实施，并在实施过程中做好记录，每项对策完成后，则要检查一下实施结果是否达到该对策的目标。如果未达到目标，应进一步分析原因，看是否需要补充措施，以争取达到目标。在实施过程中，也可以插入一些小组学习有关知识、技能的活动，或有助于体验并增强小组协作与团队精神的游戏等，使 QC 小组活动更活泼有趣。具体做法见第八章。

8．检查效果

在全部对策完成之后，按照新的条件来做，效果究竟怎样呢？首先要对照课题的目标值来比较，看是否达到了目标值，然后如有必要，再计算该课题所带来的经济效益。如果计算经济效益，一定要实事求是，最好只计算小组活动期（包括巩固期）内所带来的效益，而且应扣除本次活动的投入。若无直接经济效益，也不必勉强计算。如有明显社会效益，也可简要说明。通过检查效果，如果已达到课题的目标值，就可进行下一步了；如果未达到目标值，就要进一步分析原因，采取措施，以争取实现预定目标。具体做法见第九章。

9. 制定巩固措施

这里的巩固措施，应是指经效果检查证明行之有效的措施，把它们纳入相应的标准、规程、规章制度或管理办法之中，以保证今后能巩固本次活动取得的成果。因此，这些巩固措施应该是具体的、明确的、可考核的，而不是另起炉灶，制定些笼统的、模糊的措施。具体做法见第十章。

10. 总结和下一步打算

通过总结，要肯定QC小组成员通过此次活动，在专业技术、管理知识、方法和能力方面的收获，以及本次活动中的有益的经验（在哪些方面做得好），同时分析本次活动中反映出来的不足，以便指导今后的活动，提高今后QC小组活动的有效性和水平。

下一步打算，既可以是本次 QC 小组活动中遗留下来的尚未解决或须进一步深入解决的问题，也可以是 QC 小组面临的更急迫需要解决的新的问题。下一步打算体现了 QC 小组持续改进的精神。具体做法见第十一章。

以上便是自定目标值课题情况下的QC小组活动的具体步骤。

二、指令性目标值的课题活动程序

如果QC小组活动课题的目标值不是由QC小组自己定的，而是上级主管部门指定的，那么在 QC 小组的活动程序上就会与自定目标值的课题活动程序有所不同。其主要区别在于不需要“现状调查”这一步骤，增加了“目标值的可行性分析”一步。

具体地说，就是在第一步“选择课题”之后，第二步就应是“设定目标”，第三步则是“目标值的可行性分析”。“现状调查”这一步骤没有了，因为作为独立的一步“现状调查”的目的就是为小组自定目标提供依据。然而这一步所做的工作仍然是需要的，只是放在“目标值的可行性分析”这一步中，掌握当前这一课题的状况与指令性目标值之间差距的症结所在，并为“分析原因”提供“结果”。

这样一来，对于活动课题是指令性目标值的QC小组而言，其具体活动程序即：①选择课题→②设定目标→③可行性分析→④分析原因→⑤确定主要原因→⑥制定对策→⑦实施对策→⑧检查效果→⑨制定巩固措施→⑩总结和下一步打算。

第二节 “创新型”课题活动程序

中国质量协会于2000年1月发出了试点开展“创新型”课题QC小组活动的建议，经过两年多的试点和研讨，于2002年4月提出关于开展“创新型”课题QC小组活动的意见，并于同年10月第二十四次全国QC小组代表会议的工作报告中，明确提出了进一步推动“创新型”课题QC小组活动是2003年的工作要点之一。

一、什么是“创新型”课题

“创新型”课题，是指QC小组成员运用新的思维方式，创新的方法，开发新产品（项目、服务）、新工具、新方法、实现预期目标的课题。

“创新型”课题与“问题解决型”课题的不同之处，可见表1-1。

从表1-1可见，“创新型”课题的活动思路、方法，都与“问题解决型”课题不同。

表 1-1 “创新型”与“问题解决型”课题的区别

项目	问题解决型	创新型
立题	在原来的基础上改进、提高	从未有过的事情
现状	要把现状调查分析清楚	无现状调查，而是研究创新的切入点
设定目标	在原来的基础上，上升一个新的台阶	完全是新的要求
原因分析	针对存在的问题症结分析原因，找出主要原因	不用分析原因；为达到目标，广泛提出各种方案，寻找最佳方案
决策的依据	用数据说话	评价、比较、选择（有数据时，也要用数据）
应用工具	以数据分析用工具为主，非数据分析用工具为辅	以非数据分析工具为主

二、为什么要开展“创新型”课题的 QC 小组活动

开展“创新型”课题的 QC 小组活动，是从我国企业的实际需要出发的，并不是谁主观臆造的。

1．在我国企业开展 QC 小组活动 20 多年的实践中，涉及的行业越来越广泛，一些属于勘探开发、研制设计等方面的企业，在开展 QC 小组活动过程时，常常遇到的问题就是按照常规的“问题解决型”课题的活动程序进行，非常勉强，甚至是很不顺，现状不清楚，没有什么数据，也难以分析什么原因，只是需要 QC 小组成员运用已有的知识与技术，充分发挥创造性思维，运用高度的想象力，提出各种设想和途径，去探索未知，实现预想的目标。在这种情况下，还沿用“问题解决型”课题的活动思路和方法是行不通的，而“创新型”课题的活动思路和方法，给他们提供了有益的帮助，使这些 QC 小组活动得以顺利进行下去。

2. 以往开展的 QC 小组活动，虽然课题类型列出了“现场型”“攻关型”“服务型”“管理型”四种，但实际上大多数是属于

“现场型”或解决现场问题的“攻关型”，而真正的“管理型”或进行新产品、新技术等方面开发的课题并不多见。在企业中，一线员工参加 QC 小组活动多一些，而技术人员、管理人员、营销人员等参加的不多。这种情况与“问题解决型”课题的活动思路与方法不适应他们的工作特点是有关系的。我们为了给企业创造一种有利的环境条件，使企业能调动各方面员工的积极性，特别是管理人员、技术人员和营销人员的积极性，促进企业加速新产品（新服务、新业务）、新技术、新方法的开发，创造更具魅力的质量、周到的服务，以满足顾客和市场的需要，提高竞争力，因此，提出了开展“创新型”课题 QC 小组活动的意见。

总之，开展“创新型”课题的 QC 小组活动，是为企业更广泛、深入地开展 QC 小组活动提供了新的路子，多一种选择的方式，而不是要取代“问题解决型”课题的 QC 小组活动，两种类型课题各有适用的条件，并行不悖。希望大家在这方面不要产生误解，不要“喜新厌旧”“一窝蜂”地涌向“创新型”课题，而放弃“问题解决型”课题。

三、“创新型”课题 QC 小组活动程序

QC 小组选择“创新型”课题开展活动的具体程序，见图1-2。下面对其活动程序做一简要说明。

1．选择课题

这一步对于“创新型”课题来说是很重要的。有几点须注意:

（1）课题必须落在开发、研制什么新产品、新服务项目、新业务、新方法等方面，而不是什么指标水平的提高与降低方面。如《油井井口防盗阀门的研制》《研究提取录波数据的新方法》《防止乌鸦叫声的干扰》等。

（2）为了突破现有产品（服务）、业务、方法的局限，实现

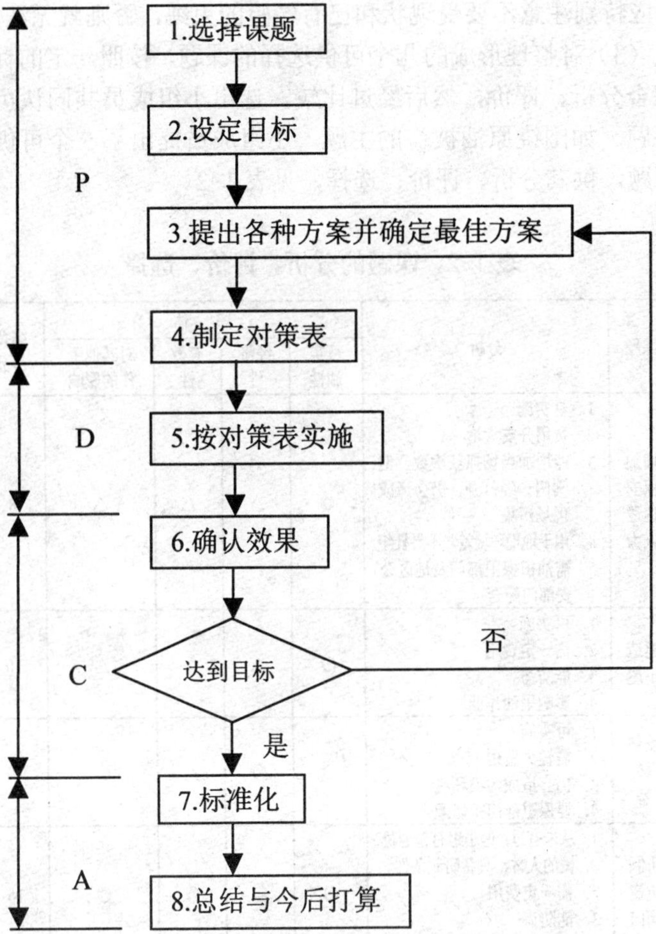

图 1-2 “创新型”课题活动程序

创新，就必须发动 QC 小组全体成员，围绕所要解决的问题，如，防止原油被盗，及时获取故障录波数据，保证每天下午 4 时至 6 时的噪声测量实验等主题，运用头脑风暴法，充分发挥丰富的想象力，提出自己的想法和意见，然后可用亲和图对大家提出各种想法和意见加以整理，从不同角度形成一些可供选择的课题。在此，应特别注意不要受现状和已有经验的束缚，否则就无法创新。

（3）对整理形成的几个可供选择的课题，按照一定的标准进行综合分析、评价，然后经过比较，选出小组成员共同认可的活动课题。如围绕原油被盗的主题，小组成员提出了 5 个可供选择的课题，供其分析、评价、选择，见表 1-2。

表 1-2　课题的分析、评价、选择

序号	课题	分析	评估				综合得分	选定课题
			可实施性	经济性	有效性	对其他工作的影响		
1	增加保安巡逻人力	1. 易实施 2. 费用开支大增 3. 能增加当场抓获次数，但阀门一经打开，仍会造成现场污染 4. 由于地理环境差，不易杜绝 5. 需油田保卫部门及地区公安部门配合	◎	△	△	△	8	不选
2	建造小屋	1. 可实施 2. 需一定费用 3. 能防盗 4. 影响采油作业	○	△	◎	△	10	不选
3	设置报警器	1. 可实施 2. 需较大费用 3. 仍会造成污染环境 4. 要保卫部门密切配合	○	○	△	○	10	不选
4	研制防盗阀门	1. 从未有过，但小组有精通机械的人才，具备研制条件 2. 需一定费用 3. 能防盗 4. 不影响其他工作	○	○	◎	◎	16	选定
5	降低油层压力	1. 难度最大，几乎不可能 2. 费用最高 3. 能防盗 4. 影响采油及测量等生产作业	△	△	◎	△	8	不选

表中：◎5 分　　○3 分　　△1 分

2．设定目标

设定目标要求尽可能地量化，以便于检查课题活动的成效。有的课题是可以直接定量地确定目标，如《研制三余度伺服阀》的目标：一是可靠性指标为0.999997，二是无故障时的主要性能指标共6项（略）。有的课题的目标难以直接定量表示，可以间接定量加定性表示，如《油井井口防盗阀门的研制》的目标：①盗油分子打不开阀门；②工人打开方便，开启时间不超过5分钟。

3．提出各种方案并确定最佳方案

这一步是“创新型”课题活动关键的一步，关系到创新能否取得成功。这一步活动应注意以下几个问题：

（1）由于是一种创新型的活动，是过去所没有过的，因此，要达到预定的目标，就必须让QC小组全体成员用创造性思维，借助“头脑风暴法”，互相启发，深入思考，把可能达到预定目标的各种途径（方案）都充分地提出来。这里不要受常规思维、经验的束缚，不要拘泥于该途径（方案）技术上是否可行、经济上是否合理、能力上能否做到等，只要是可能达到预定目标，实现创新的途径（方案）均可提出来。

（2）在大家提出的各种想法的基础上，运用亲和图进行整理，去掉重复的，把一些虽不能形成一个独立方案的创意（或闪光点）归并在相应的方案中，形成若干个相对独立的方案。在这里不要去掉任何一个看似“离谱”的创意（或闪光点）。

（3）经过整理形成若干个方案之后，QC小组全体成员要对这些方案逐个进行综合分析论证，作出评价。分析论证可以从技术的可行性（含难易程度）、经济合理性（含需投资多少）、预期效果（实现目标的概率）、耗时多少、对其他工作的影响，以及对环境的影响等方面进行。也就是说，可把上述几个方面作为评价每个方案的标准，而且根据这些标准的重要程度不同给予不同的权数，以示区别。然后，在大家讨论分析的基础上，由每一位小组成员对每个方案分别进行评价，即根据自己的认识和理解，给每个方案按各项标准分别打分，然后再将这些分值乘以各项标准的权数，并相加，从而得出每人对每个方案的评价权数和。最后，将 QC 小组全体成员对每个方案的评价权数和相加，便可得到小组总体对每个方案的综合评价值。

在对各方案进行综合分析、评价过程中，如果有必要，还应进行一些试验，以确保评价的正确性。

（4）在对各个方案进行综合分析、评价的基础上，通过各方案间的比较，选出最佳方案，即准备实施的方案。这一步实际上就是对各方案的综合评价值进行比较，选出分值最高的方案作为最佳方案。如果此时有几个方案综合评价值较接近，则可以根据最重要的标准得分顺序排出这几个方案的顺序，作为准备实施的几个方案的优先次序。

下面以《油井井口防盗阀门的研制》课题为例，介绍方案分析、评价与优选，见表 1-3。

表 1-3　各种方案的分析、评价、优选

序号	方案	标准 \ 组员	权数	李××	马××	毛××	张×	陈×	王××	孔×	综合得分	是否采用
1	封堵阀门出口	难易度	2	◎	○	◎	◎	◎	○	◎	26 × 2=52	不采用
		经济性	1	◎	◎	◎	○	◎	◎	○	26 × 1=26	
		需时间	3	◎	○	◎	◎	◎	○	○	25 × 3=75	
		预期效果	5	×	△	×	△	△	○	◎	15 × 5=75	
		小计									228	
2	设计专用扳手开启	难易度	2	◎	○	◎	◎	○	○	◎	25 × 2=50	不采用
		经济性	1	○	◎	◎	◎	◎	○	○	25 × 1=25	
		需时间	3	◎	○	◎	◎	○	○	○	24 × 3=72	
		预期效果	5	△	×	△	○	×	◎	○	16 × 5=80	
		小计									227	

续表

序号	方案	标准＼组员＼权数		评价 李××	马××	毛××	张××	陈××	王××	孔××	综合得分	是否采用
3	阀门开启加密码锁	难易度	2	○	△	○	◎	◎	○	○	22×2=44	采用
		经济性	1	○	○	◎	○	◎	○	○	23×1=23	
		需时间	3	◎	◎	◎	◎	◎	○	○	26×3=78	
		预期效果	5	◎	◎	◎	◎	○	◎	○	26×5=130	
		小计									275	
4	研制电磁阀门	难易度	2	△	×	△	○	○	○	△	16×2=32	不采用
		经济性	1	○	△	○	△	○	×	△	16×1=16	
		需时间	3	△	○	△	○	○	△	×	16×3=48	
		预期效果	5	◎	◎	○	△	○	◎	△	22×5=110	
		小计									206	

表中：◎ 4分　○ 3分　△ 2分　× 1分

4．制定对策表

制定对策表是为了指导具体的实施，因此“创新型”课题的对策表不能只针对一项方案笼统地制订，要具体化。

（1）在具体制定对策前，先要将选定的准备实施的方案具体化。一种方法是运用流程图描述该方案实施的具体步骤；另一种方法是运用 PDPC 法描述该方案实施的具体步骤，并预测每一步实施时可能遇到的问题及其对策，以保证该方案顺利实施下去；还有一种方法是用系统图按手段（或要素）展开型将该方案具体化。每个 QC 小组可根据自己的实际需要和习惯选择其中之一。

（2）对策表仍须按“5W1H”的表头设计来制定。其中“对策”一栏，应按上述最优方案（准备实施的方案）的步骤或手段（要素）逐项列出；“目标”一栏，则应是每个步骤或手段所要达到的目标，要尽可能量化；“措施”则是指每一对策目标具体怎样实现。其他项与“问题解决型”课题的要求相同。

5．按对策表实施

在“创新型”课题的实施对策阶段，可能需要做的试验较多；也有可能出现这样的情况，即按对策表的措施去做了，但却未达到对策表中的目标，这时就要让小组成员再讨论提出一些补充措施，并加以实施，直至达到目标。

在实施过程中，要认真做好实施情况记录，包括有关部门的试验数据，并可适当穿插一些学习活动，以助于顺利实施。

6．确认效果

这一步主要强调对照课题的目标来检查实施结果，看一看是否达到了预期目标。只要达到了预期目标，就说明活动的效果是好的。当然活动取得的效果也要经过有关主管部门的确认。对于“创新型”课题来说，不要求计算经济效益。

7．标准化

如果这个“创新型”课题的成果具有推广价值，就应该标准化，以便于推广。标准化可以是设计图纸，或工艺规程，或管理制度（办法）等技术文件或管理文件。

8．总结与今后打算

这一步同“问题解决型”课题，不再重复。

第三节 为什么要按程序进行活动

有的人认为QC小组按程序活动是“新八股”。这是一种误解。那么，QC小组活动为什么一定要按照前两节所介绍的程序进行活动呢？

什么是程序，ISO9000：2000 质量管理体系基础和术语标准中定义：

程序是为进行某项活动（或过程）所规定的途径。

QC 小组活动的程序就是解决小组活动课题的科学途径。可以说，无论是哪种类型课题的 QC 小组活动程序，都不是哪一个人随意杜撰出来的，而是人们对活动规律的认识和总结，并在此基础上概括出来的科学的思维和行为模式。这些程序的每一步骤之间都存在着内在的逻辑关系。QC 小组活动只有把每一步工作都做扎实、充分、透彻，才能避免在活动中走弯路，提高整个活动的有效性，最终取得满意的效果，这也是被大量事实所证明了的。特别是对于那些问题比较复杂，原因比较隐蔽，以及探索未知领域开发新产品（服务）、新业务、新方法等方面的课题，就更加突显了这一活动程序的科学性和必要性。任何想“省事”、绕过某些步骤的做法，都会适得其反，不仅难以取得满意的效果，而且还会造成人力、物力、财力、时间等方面的浪费，并挫伤 QC 小组成员活动的积极性。

第二章　选择课题

成立 QC 小组就是要解决课题。小组通过一个一个课题的解决，充分发挥小组成员的聪明才智及潜能，提高分析问题、解决问题的能力，并在专业技术和管理技术两个方面得到锻炼，从而提高成员们的自身素质，鼓舞士气，增强相互合作的团队精神，进一步调动小组成员的积极性。

第一节　如何选择课题

小组要解决课题，首先面临的就是选择什么样的课题、怎样选择课题。课题选得是否合适，会影响小组活动能否顺利进行。因此，如何选题，选什么样的课题，就成为小组能否顺利开展活动的首要问题。

一、课题的来源

课题的来源，一般有三个方面：

1. 指令性课题

此类课题通常是企业生产经营活动中迫切需要解决的关键问题。由上级主管部门作为一项必须限期完成的任务，以行政指令的形式向 QC 小组下达，而且课题需达到的目标通常都是与课题同时下达的。

此类课题之所以作为指令性任务下达到 QC 小组，就是上级领导认为该小组有解决此课题的能力，而且在资金、活动时间、需与外部的协调等方面都会得到领导的大力支持。因此小组在接到指令性课题后，应全力以赴，完成上级下达的任务，把问题解决。

2．指导性课题

此类课题，通常是由企业的质量管理部门根据企业实现经营战略、方针、目标的需要，把其中的一些难点具体化为一批课题，并予以公布，供各QC小组选择。QC小组可根据自身的条件选择力所能及的课题开展活动，这是一种上下结合的选题方式。

3．自选课题

指令性课题和指导性课题毕竟是少数，大多数的QC小组需要由小组自己来选择课题，根据目前我国企业的现状，在生产现场或工作现场存在并需要改进的问题是很多的，只要发动群众集思广益，树立问题意识和改进意识，就能找到很多适合QC小组解决的课题。

二、小组如何自选课题

1．选题的要点

（1）选题宜小不宜大

所谓小，就是指目前存在的影响产品质量、影响生产效率或是造成消耗高的具体问题作为课题。

例如：降低×××不合格品率；

缩短×××操作辅助工时；

降低产品外包装的成本，等等。

所谓大，就是指课题所包含的内容庞大复杂，这种综合性课题需达到的目标很多，涉及面很广，需要许多部门通力协作才能完成的课题。

例如：通过ISO9001/GB/T19001标准的认证；

××工程争创鲁班奖；

创建青年文明号列车，等等。

课题选得小，易于弄清现状，找出问题的症结所在，目标单一、针对性强，绝大部分的改进对策都能由小组成员自己来实施，因而能更好地发挥小组成员的创造性。

课题小，涉及的面就窄，易于在较短的时间内取得改进效果，就能更好地鼓舞小组成员的士气；而且小课题往往都是小组自己身边存在的问题，经过小组努力，取得的成果也是自己受益，因而能更好地调动小组成员的积极性。

选择大课题，由于涉及面广，很难将现状全貌把握得很清楚，由于头绪较多，难于设定一两个目标就概括问题的全貌。原因分析时，只能针对综合性的大问题来分析，所制定的对策、措施也必然比较笼统，针对性不强，而且需借助外部协助才能实施完成。这样的大课题活动时间必然拖得很长，不利于调动小组成员的积极性。

此外，由于QC小组成果的发表时间要求在15分钟以内，因此对成果报告的篇幅就有了客观上的制约。而大课题则不可能在这么短的时间内把小组所做的努力、克服的困难、科学的结论等方方面面作出详细的表达，甚至在很多的场合下，会影响整个成果的逻辑性。

为此QC小组自选课题宜选择解决具体问题的课题。工程建筑行业不适于选择《××工程创优质工程》《××工程争创鲁班奖》这样的大课题，可以选择《提高清水墙观感质量》等具体课题；铁路运输部门选择《××次列车创建青年文明号列车》大课题不如选择《提高餐车营业收入》等具体课题更能发挥小组成员的潜能，调动小组成员的积极性，在发表交流时也能得到更好的交流效果，并取得好成绩。

综观国外QC小组活动的课题，没有选择大课题的现象。从1997年在北京召开的“97’国际QC小组代表会议”来看，国外以及我国的香港、台湾地区在会上共发表了42个成果，全部都是解决具体问题的课题。

（2）要尽可能选择能以特性值表达的课题

选择需要解决的课题应是能弄清现状的：问题严重到什么程度、差距有多大，能以特性值明确表达，这样才能制定明确的目标，有的放矢地进行改进。改进后有没有达到预定的要求，可以进行对比，以明确改进的有效性。

例如：降低新款表带不合格率；
降低树脂砂铸造成本；
提高国产皮鞋销售比例；
缩短信息处理时间；
降低复印纸消耗；
改善××轿车安全带装配的质量。

上述课题都是能用特性值表达的具体课题。选择这样的课题，小组就能很顺利地开展活动。

但有的小组选择的课题是难于用特性值来表达的课题。

例如：实现网上跨地域工程质量控制；
完善停电检修票安全提示；
配网改造工程设计及全过程管理。

上述课题很难用特性值来表达，因此小组在活动过程中，难以把握现状，很难设定明确的目标，同时也就不能制订针对性很强的有效对策。这样会使小组成员产生困惑，就不能充分发挥小组成员的潜能和调动其积极性。

有人说，“攻关型”和“现场型”的课题，可以选择能用特性值来表达的课题，但是对于“管理型”的课题，由于其本身的管理特征，就难于选择能用特性值表达的课题。其实不然，任何一项管理，都是一种手段，它是为达到某项目的服务的，因此任何管理方面的课题，都能选择用数据表达的具体课题。如，对于生产管理部门，可以选择《提高均衡生产率》《缩短交货期》以及《稳定生产车间的温湿度》这样的具体课题；对于销售部门，则可选择《提高销售额》以及有关加强售后服务方面的具体课题；设备管理部门，则可选择《减少故障停机次数》《缩短设备大修理时间》等具体课题；财务管理部门，则可以选择降损、降耗，降低成本，改善某些财务指标等具体课题。

（3）选择能用特性值表达的课题，其特性值要有可比性

表达课题的特性值要有可比性，例如：《降低新款表带不合格率》的课题，现状不合格率是多少，小组设定的目标要降低到多少，通过改进后达到了多少，可以进行对比。又如：《降低树脂砂铸造成本》的课题，现状成本是多少，设定目标要降低到多少，通过改进后，达到了多少，也可进行对比。上述的特性值可以通过取得反映客观事实的数据来表达，因此这样的对比是合理的、科学的。

但有的课题所用的特性值数据却没有合理的可比性。如：前几年，商业、服务行业常选择《提高顾客满意率》作为课题，小组在改进前向顾客发放了调查表，对服务质量、环境设施等方面征求顾客满意或不满意的意见，把满意的顾客除以被调查顾客的总数得出“满意率”，以此作为课题的现状，然后制定目标，满意率要提高到多少。在分析原因、制定对策并实施后，再向顾客发放调查表，征求顾客满意或不满意的意见，计算出“满意率”来进行效果对比。

用顾客的“满意率”来衡量课题的完成情况或改进的有效性，存在两个问题：一是顾客对满意或不满意没有一个客观的衡量标准，主观性很大。如顾客刚去过一个服务比你还要好的商店，就会对你的服务感到不满意，如刚去过一个比你还要差的商店，就会感到你的服务还可以。二是在活动前、后所调查的顾客，不是同一批顾客，对你改进前后的情况并不了解，只是按当时的情况来评价。因此，对顾客进行“满意率”的调查作为寻找问题的着眼点是可以的，但要以它作为主要特性值来衡量改进的有效性，则显然缺乏可比性。

2. 如何寻找具体问题

根据我国企业的现状，无论是生产现场、工作现场或是服务现场，需要解决的问题是很多的，只要我们有心寻求改进，总能找到很多可供QC小组选择的课题，一般可以从以下方面来寻找：

（1）从班组完成上级下达的任务、考核指标的难点来寻找课题

如，降低不合格品率、降低消耗、安全生产、提高效率、提高过程能力，等等。而且选择这类问题作课题，能与班组的生产任务直接关联，给班组带来直接的效果，因此能得到领导的直接关心，从而给小组活动创造很好的外部环境。

（2）从加强班组管理方面来寻找问题

如，提高综合工时利用率、对贯标或认证过程中的不符合项的改进，等等，选择这类问题作课题同样会得到领导的支持。

（3）长期困扰班组的问题

如某医院药房，按药方取药，每人每天都要在药房内走约10—15千米，一天下来十分疲劳。这个问题长期困扰着他们，于是药房 QC 小组以此为题开展活动，通过改进，使每人每天少走一半的路程，而且病人取药的时间也得到相应的缩短。

又如某企业一班组的生产现场由于物流不畅，每天完成当天生产任务后还要花很多人力用于物流的疏导，也是长期困扰着他们的问题，于是 QC 小组以此为题开展活动，通过改进，物流合理、顺畅，不用花很多人力来疏导物流，节省了人力和时间。

这样的课题，虽然取得的直接经济效益很少，甚至没有，但却是自己享受成果，自己解放自己。选择这类课题，能更好地调动小组成员的积极性。

（4）从现场文明性方面寻找课题

一个上班的人每天都有三分之一的时间是在生产或工作现场度过的，如果现场环境整整齐齐、干干净净，物品放置有条有理，人们在这样良好的现场环境中生产、工作，就必然会心情舒畅，

有利于专心生产与工作，提高工作质量和效率。如果在一个脏、乱、差的现场，人们一到现场就会感到厌烦，肯定会影响到生产、工作的质量及效率。因此在现场文明性方面必然能找到很多可以改进的课题。这类课题虽难以计算出有多少直接经济效益，但其结果，能使小组每个成员享受小组的成果，也就是成果的直接受用者。解决这类课题完全符合 QC 小组活动宗旨的第三条“建立文明的、心情舒畅的生产、服务、工作现场”。

（5）从用户反馈、抱怨的意见中找课题

“用户是上帝”“顾客永远是对的”是市场经济条件下企业的信条之一，也是质量管理的基本出发点。企业内部上、下工序之间也应是“供方”与“顾客”的关系。

用户反馈的意见和抱怨的问题是企业或部门的管理者必须非常重视并要解决的问题。QC 小组选择这类问题做课题，容易得到领导的支持，并为小组的活动创造一个良好的外部环境。为此，设计调查表广泛收集顾客对所提供的产品或服务方面存在问题的意见，作为 QC 小组活动的课题，不失为选题的很好途径。

总之，只要在小组成员的思想上牢固树立质量意识、问题意识、改进意识和参与意识，运用“头脑风暴法”，集思广益，必然能找到许多可供选择的课题。

3．课题的选定

通过调查或运用“头脑风暴法”，可以收集到多个可供小组选择的课题。而小组只能一个课题一个课题来解决，那么如何选定呢？其基本要求就是应得到小组成员大多数人的认可。小组大多数成员同意并愿意做的课题，能更好地调动小组成员的积极性与创造性，能促进活动过程更顺利地进行，这也是 QC 小组具有“高度民主性”特点的具体体现。

一般常用以下两种方法来选定课题：

（1）用表决法选定

由全体成员用简单的举手表决来选定，或用性质与之相同的按重要度评分，统计得分最多的来选定。

（2）用评议、评价的方法来选定

把收集到可供选择的课题，从以下方面进行评议、评价，然后用矩阵图的形式来表示之。这些方面包括:

①是否符合上级方针；

②重要性；

③迫切性；

④难易度；

⑤可实施性；

⑥经济性；

⑦预期效果；

⑧与小组全员的关系程度；

⑨时间性；

⑩推广性，等等。

但不是说 QC 小组选择课题时，必须要从上述各方面进行评价。QC 小组应该从实际需要出发来选择评价的方面。

例 1：某小组收集了可供选择的三个课题，通过小组全体成员评价，最后选定“缩短成型周期”作为小组活动的课题，见表2-1。

表 2-1

评价项目 / 可选课题	迫切性	重要性	预期效果	可实施性	经济性	评价	选择
1. 缩短成型周期	6	6	7	6	7	32	√
2. 减少开机消耗	4	4	5	4	3	20	
3. 减少底托失园	5	5	6	5	4	25	

注：每项满分为 7 分。

例2：××物业管理关于《改进大厦出入管理控制系统》课题的选择，见表2-2。

表2-2

项目 标准	大厦出入管理控制系统	住户视像会议系统	办公室文件处理系统	上落货区防撞保护装置	梯级防滑及反光标记
力所能及	53	45	48	53	53
实效可量	51	50	54	31	28
需时适中	52	43	36	53	50
团队精神	53	48	46	24	33
成本效益	55	49	37	29	35
推　　广	50	45	32	24	30
总　　分	314	280	253	214	229

注：该QC小组由12人组成，每人对每个课题按6个标准分别给予1—5分的评分。每个课题下面的分数是12个人给该课题的评分之和。最后根据各课题的总分来确定选题。此例中，《改进大厦出入管理控制系统》总分最高，为314分。这说明该课题是小组全体成员共同认可的改进的首选课题。

第二节 课题名称

在成果发表交流时，课题的名称是给人的第一印象。我们常说 QC 小组活动应“小、实、活、新”，以“实”为主。课题名称也是显示整个课题是否实在的第一感觉。为此，课题名称定得如何，十分重要。

课题名称的设定要简洁、明确，直接针对所要解决的问题，不可抽象。原则上可按以下方式设定：

××　○○○　△△

△△：要解决什么问题——指质量、效率、成本、消耗等方面的特性。

○○○：要解决的对象——指产品、工序、过程、作业的名称。

××：怎样——指提高还是降低，增大还是缩小，改善还是消除。

例如：降低　复印纸　消耗

消耗：要解决的特性

复印纸：要解决的对象

降低：怎样

正确设定课题名称示例：

降低寻呼机返修率；

降低玉叶解毒冲剂复合膜的消耗；

提高口腔溃疡的治愈率；

降低国内出港航班责任延误率；

缩短行包交付时间；

降低洗衣机外箱体喷涂漆膜不良率；

提高气井产量；

降低压纹发泡壁纸废品率；

提高循环水系统的制冷温差。

从 1999 年第二十一次全国 QC 小组代表会议和 2000 年第二十二次全国 QC 小组代表会议上发表的成果看，仍分别有 32%和 31%的成果不能正确、恰当地设定课题名称。归纳为两种情况：

第一种，课题名称是“口号式”

小组为了让大家印象深刻和说明课题性质的重要程度，而把它“拔高”抽象起来，并加一些形容词或口号。

例如：

适应市场，增储创收；

说得好听、笑得好看、向规范要精品——搞好接应服务 树立列车形象；

四龙相会创奇迹——叠交隧道施工技术的探索；

顾客在我心中，质量在我手中；

适应市场需求，提高销售业绩。

其实，成果的价值大不大，水平高不高，只要看了成果内容，听了成果发表，自然会给以客观的评价，完全不必在课题的名称上大做文章。以上课题名称大而空，结果适得其反，让人一接触课题成果，就产生不“实”的感觉。

第二种，课题名称是“手段+目的”

此类课题名称是把解决问题的过程中所采用的主要对策放在所要解决的问题前面。

例如：加强技术管理，降低装置能耗。

用“手段+目的”来设定课题名称的比第一种“口号式”的要多。

例如：

优化施工配比，确保二灰土再利用质量；

通过技术改造，提高日本侧喷机设备开动率；

优质服务，提高成交率；

革新工艺、改造设备，提高对杆钻焊质量；

改进炉衬结构，降低能源消耗；

消除空调底板焊接脱焊现象，提高产品合格率；

加强设备管理，减少停机故障。

设定此类课题名称的问题在于，在选择课题时，还没有进行详细的现状调查，还没有分析原因并找出主要原因，更无法针对主要原因制定有效对策。把主要对策内容列入课题名称之中，会造成活动程序上的逻辑问题。

第三节 选题理由及选题实例

一、关于选题理由的陈述

为什么要选此课题是要交代清楚的，这就是成果报告中所列的选题理由。

陈述选题理由，只要简明、扼要地把上级的要求（或标准的要求）是多少，本部门的问题是什么，实际只达到多少，用数据表达，让人一看就能知道差距有多大，就可把选题的理由表达得很充分。

1．能简明、扼要地说明选题理由的实例

例 1:

E 系列窗式空调器批量投产，公司下达的一次装机合格率指标≥98%，但首批投产后，根据车间检验日报统计，见下表。

生产日期	生产台数	返修总数	一次装机合格率
98.3.1~30	8924	503	94.4%
98.4.1~30	15524	811	94.8%
合　计	24448	1314	94.6%

一次装机合格率仅为94.6%，与上级考核指标有差距。所以小组选题：提高E系列窗式空调器一次装机合格率。

例2:

场部指标	⇨	分场要求碱耗为75g/mol
班组问题	⇨	1997年全年碱耗平均值为79.03 g/mol
选定课题	⇨	降低阴床碱耗

从以上两个实例能看出，上级要求是多少，本部门实际达到多少，差距有多大，已明确地表明了目的性及必要性，因此，选题理由充分简明扼要。

2．选题理由陈述不充分的实例

例1:

随着经济的发展和人民生活水平的提高，人们对信息的依赖程度越来越高，我们160台信息服务作为信息产业的一个分支，对促进经济发展和方便人民生活的重要作用日益增大。但是由于160台收集信息的渠道窄，信息资源比较匮乏，满足不了用户的需求，致使咨询电话圆满答复率下降，影响160台的社会形象，进而直接降低了企业的经济效益。如何拓宽新的服务领域，满足用户需求，已是迫在眉睫的事情。因此，160 台 QC 小组选定《提高咨询电话答复率》这一课题。

例 2:

（1）电梯急修出车率是指每月电梯急修出车的次数与当月保养电梯总台数的比值，是和用户对电梯使用满意程度密切相关的一项重要指标。努力降低此项指标是维护公司产品形象和提高用户信赖感的基础。要使用户在乘坐××电梯时能真正体会到“上上下下的享受”，保障电梯的正常运行是非常重要的。

（2）电梯急修出车率反映了电梯在设计、制造、安装、保养各环节的综合情况。做好降低电梯急修出车率的工作实际上起着“牵一发而动全身”的作用。也就是说从降低急修率入手，可以向其他环节提供有价值的质量信息反馈，从而促进企业练好内功，提高公司的市场竞争力。因此，我们选择“降低紧急出车率”为小组活动课题。

从以上两个实例我们不难看出，虽然都对课题的重要性做了不同程度的叙述，但是要求（或理想的或同行业的）是多少，目前实际达到多少，差距有多大，均没有数据，看不出选择该课题的必要性，因此，只能视为选题理由不充分。

综上所述，选题理由只要简明扼要地明确上级（或标准）要求是多少，本部门目前实际达到多少，明确差距，用数据表达，选题理由就充分了。不要为了强调课题的重要性而从国际的发展趋势讲到国内的先进水平，从计划经济讲到向市场经济的转变，长篇大论地陈述背景，空洞而无数据。这样只能显示课题成果不“实”。

二、选题时可选用的工具及应用实例

在说明选题理由时要用数据来表达，为此常常要用到一些工具，经常用到的工具有折线图、柱状图、饼分图、排列图、直方图、过程能力指数、控制图等。

1．折线图在选题理由中应用实例

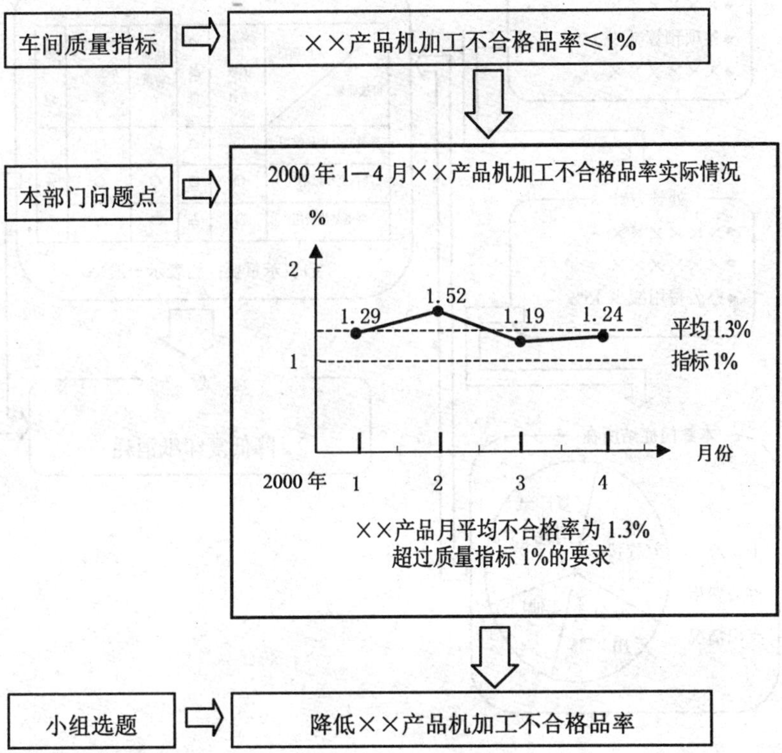

2. 用饼分图表达数据，用矩阵图评价选择课题的实例

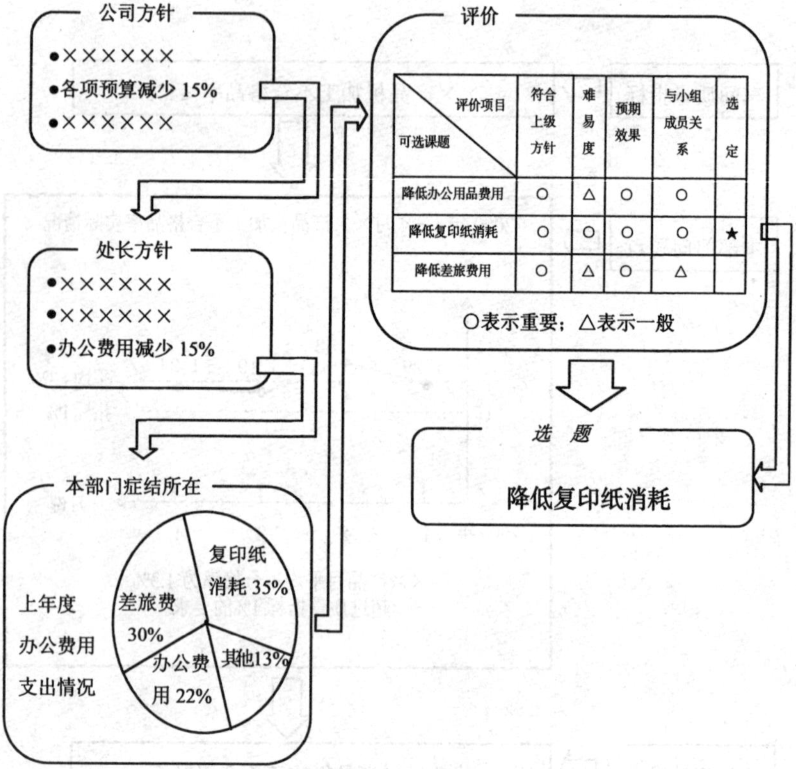

评价项目 / 可选课题	符合上级方针	难易度	预期效果	与小组成员关系	选定
降低办公用品费用	○	△	○	○	
降低复印纸消耗	○	○	○	○	★
降低差旅费用	○	△	○	△	

3．排列图在选题理由中的应用实例

公司要求 ⇨ 由于市场需求，DVD 光驱下线率必须达到 5%以下

⇩

1999.11—2000.3 DVD 光驱下线排列图

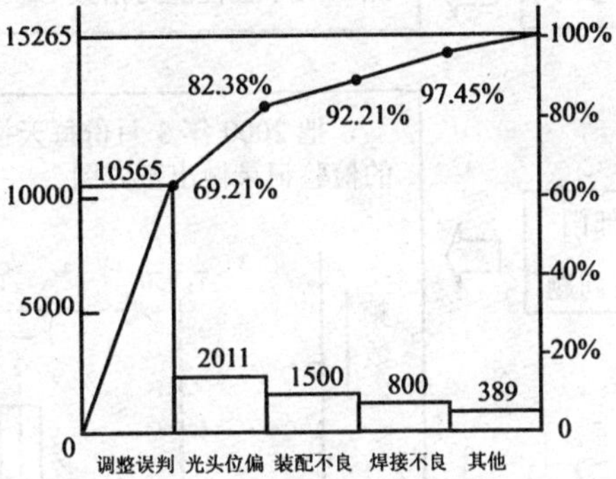

从排列图中看出调整误判占光驱下线的 69.21%

线体存在问题 ⇨ (见上图)

⇩

课题选定 ⇨ 降低 DVD 光驱调整误判率

4. 直方图和过程能力指数在选题理由中的应用实例

产品规格要求 ⇨ 连杆小头孔直径$\Phi 50^{+0.013}_{-0}$

客户要求 ⇨ 加工工序过程能力指数$C_{pk} \geq 1.33$

本部门存在问题 ⇨ 把2000年3月份每天抽查8件，22天共176件的检验记录做出直方图

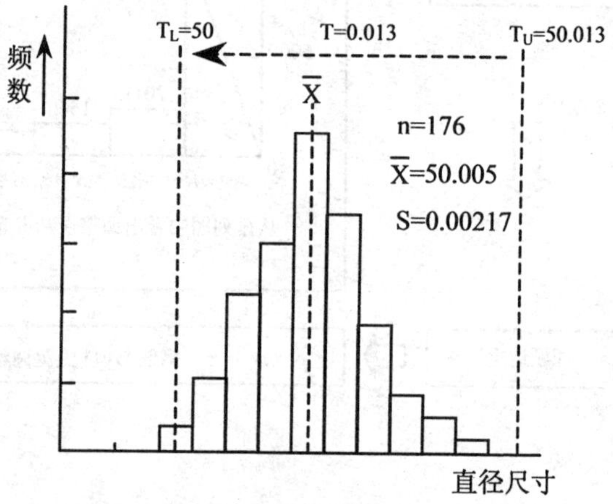

计算出 $C_{pk}=0.768$ 不能满足客户要求

小组课题 ⇨ 提高连杆小头孔加工的过程能力指数

5．控制图在选题中的应用实例

上级方针 ⇨ 消灭生产过程中的失控现象

⇩

本部门问题点

本月基体精镗缸孔出现不稳定

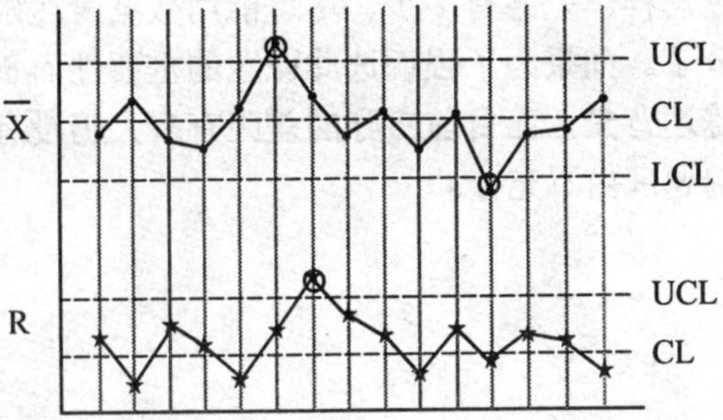

从X̄-R控制图中看出在集中位置及分散程度方面都出现了异常

⇩

选　题

消除基体精镗缸孔过程的异常

第四节　小结

1. 小组在自选课题时，要选择存在的具体问题。选择针对性强、时间短、见效快、小组成员都能发挥作用的课题。

2. 可从完成上级下达任务的难点、现场存在的问题、用户反馈、抱怨的意见等方面来寻找和选择课题。

3. 在可选择的课题有多个时，要经小组全体成员民主协商，选择多数成员愿意做的课题，或通过评估，选择得分最高的课题。

4. 课题名称要简明、扼要、一目了然地指向所要解决的问题，不要把采用的手段加到课题名称中去，更不要把课题的名称抽象起来，看不出QC小组活动解决什么问题。

5. 选题理由的陈述，主要阐明选此课题的目的性及必要性。因此只要把上级的要求（或客观的标准）是什么、实际达到的程度怎样、差距有多少，尽可能用数据表达出来，选题理由就很充分了。如果为了强调选此课题的重要性而长篇大论、喋喋不休地陈述背景，而目前实际的差距有多大仍没有描述清楚，还是属于选题理由不充分。

第三章　现状调查

现状调查的基本任务有两个：一个是要把握问题的现状；二是要找出问题的症结所在，并为设定目标提供依据。

第一节　把握问题的现状

一、为什么要把握问题的现状

QC小组活动在课题选定之后，必须弄清楚问题严重到什么程度，为此要对问题的现状进行全面、彻底的调查。只有将问题的现状彻底把握，才能制订小组的活动目标，以及明确从何处着手来解决问题。

如果在选题时已经掌握了问题总的情况，也要按每月（或每批）将生产时所发生的具体情况弄清楚，以便从问题的具体情况中发现一些规律性的东西，从而找到解决问题的线索。

以第二章第三节选题理由陈述中的例2为例：

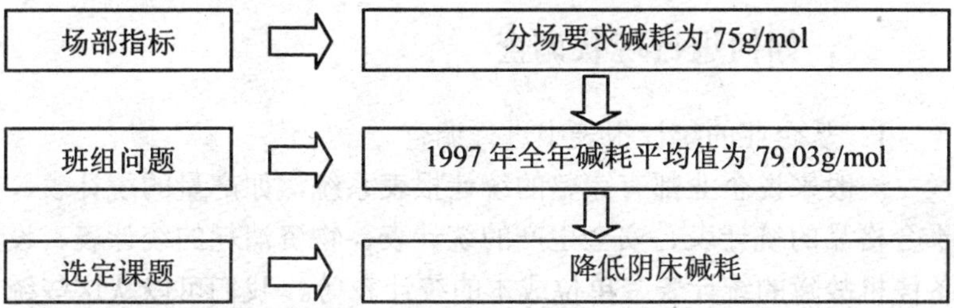

从选题中已知道了碱耗的总体情况，于是该小组在现状调查中进一步对 1997 年从 3 — 12 月每个月的碱耗进行了调查，见图 3-1。

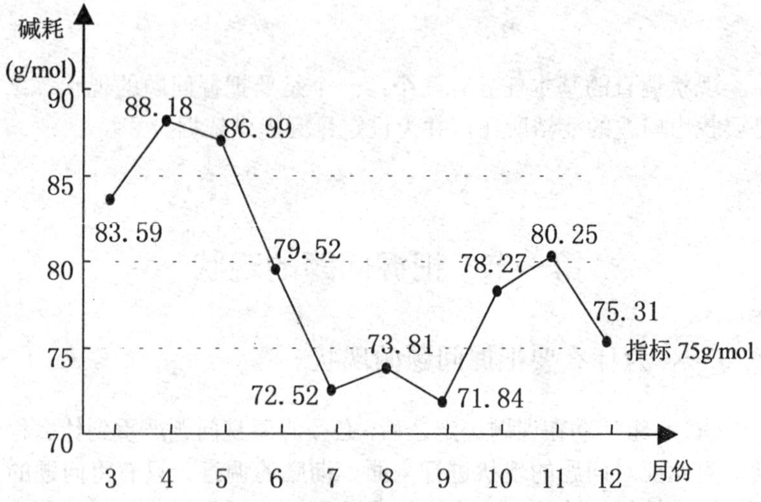

图 3-1 1997 年 3—12 月碱耗折线图

从图中可以看出，1997年3—12月的10个月中有7个月的碱耗超过了 75g/mol 的指标，其中 7、8、9 三个月却低于 75g/mol 的指标，而这三个月正是雨水多的夏季，于是小组从中得到了进一步分析问题的线索。

二、如何进行现状调查

1. 从企业的统计报表中进行调查

一般来说企业都有完整的统计报表系统，如产量的统计表、不合格品的统计表、安全生产的统计表、物资消耗的统计表、设备停机故障的统计表、单位成本的统计表等。我们可以从这些统计报表中获取所需要的数据资料，以把握问题的现状。因此，从企业的统计报表中进行调查，是现状调查、弄清问题严重到什么程度的途径之一。

2．到生产现场进行实地调查

在某些情况下，从企业的统计报表中还不能真正反映问题的全部情况。如某生产过程产生不合格品，从企业不合格品统计报表中得到的不合格品数据，只是不可修复的不合格品数据，把可修复的不合格品去除了，因此，该不合格品数据，就不能真实反映该过程的全面情况。要弄清该过程问题，就需要到现场抽取样本，实测数据，必要时，要计算过程能力指数，才能彻底了解过程问题严重到什么程度。

例：某小组加工曲柄轴外径，规格要求为$\Phi 40^{+0.10}_{-0}$。由于过程不稳定，要经常加班，对可修复的不合格品进行返修后，才能勉强完成不合格品率≤1%的考核指标，于是小组以此为题，开展QC 小组活动。在现状调查时，因该零件的不合格品统计表是已去掉了可修复不合格品的数据，不能反映过程的真实情况。由于产品返修都是在加班时进行的，所以小组对返修的件数以及返修所用的工时都没有进行确切的统计。为把握问题严重到什么程度，小组到现场随机抽取了 100 件产品测量其外径尺寸，得到数据见表 3-1。

表 3-1　曲柄轴外径抽查 100 件实测数据表

65	85	120	85	55	90	80	105	75	80
85	75	95	90	85	90	115	85	95	105
95	90	85	85	85	70	85	100	85	95
85	70	85	95	70	85	90	85	90	110
100	105	65	85	80	90	85	95	75	65
80	60	90	95	100	85	85	85	90	85
85	115	70	100	85	90	95	90	85	60
80	75	90	80	105	85	100	80	100	80
75	80	110	75	50	70	85	80	65	75
105	70	80	85	125	110	90	75	80	85

注：以上数据为简化后的数据，即：（实测数据-40）×1000

从以上数据可计算出：

平均值 $\overline{X}=40.0862$

标准偏差 $S=0.01358$

平均值的偏移量 $\varepsilon=40.0862-40.05=0.0362$

$$过程能力指数\ C_{PK}=\frac{T-2\varepsilon}{6S}=\frac{0.1-2\times0.0362}{6\times0.01358}=0.339$$

通过到现场随机抽取 100 件作为样本进行调查，使小组成员把握了现状：

① 该过程的过程能力指数 C_{PK} 仅为 0.339，是一个不稳定的生产过程，并能估算出该过程可能产生的不合格品率将达到 16%（实测 100 件中有 12 件超差，实测不合格品率为 12%），亟须改进。

② 从该样本的数据来看，最小尺寸为 ϕ40.050，最大尺寸为 ϕ40.125，平均值为 ϕ40.0862，尺寸分布中心与公差中心有较大的偏移。如果不考虑中心偏移计算过程能力指数：

$$C_P=\frac{T}{6S}=\frac{0.1}{6\times0.01358}=1.23$$

说明了该过程的主要问题就是分布中心偏移造成的，为此给小组解决问题提供了线索，即亟须调整该过程的实际加工中心，使其尽可能与公差中心重合。

第二节　找出问题的症结所在

一、为什么要找出问题的症结所在

毛泽东同志在《矛盾论》中明确指出：“任何一个过程如果有多数矛盾存在的话，其中必定有一种是主要的，起着领导、决定的作用，其他则处于次要和服从的地位。因此，研究任何过程，如果是存在着两个以上矛盾的复杂过程的话，就要全力找出它的主要矛盾，抓住了主要矛盾，一切问题就迎刃而解了。”

我们所要解决的问题，往往是一个带有综合性的问题。如，要解决某产品的不合格品率高的问题，而该产品从原材料投入到生产出成品要经过10道工序，每一道工序都有可能产生不合格品，但并不是每道工序产生的不合格品一样多，有的工序可能产生较多的不合格品，有的工序则几乎不产生不合格品，而每道工序所产生不合格品的原因也是各不相同的，如果笼统地针对“某产品不合格品率高”来分析原因，不但针对性差，而且往往会无从着手。为此，要解决该问题，就应首先找出它的主要矛盾。就要对每道工序所产生的不合格品进行统计，找出其中产生不合格品多的工序，把产生不合格品多的工序的问题解决了，则整个产品的不合格品率就会大幅度下降。因此，不合格品多的工序存在的问题，就是某产品不合格率高的主要问题，也就是我们所说的是问题的症结所在。

又如，塑料制品厂生产某塑料制品，不合格品率较高，达到7.8%，于是成立QC小组，要解决不合格品率高的问题。

由于不合格品有的是一个缺陷造成的，有的存在多个缺陷，而且缺陷的类别也有多种，应从何处入手解决呢？小组在选定课题之后，就对问题的现状进行了详细的调查。他们对3月份共产生的128件不合格品，逐件统计造成不合格品的缺陷的种类及数量，见表3-2；得出产生缺陷的总数为180个，并按各种缺陷发生的频次多少绘制了排列图，见图3-2。

表 3-2　××不合格品缺陷统计表

序号	缺陷类别	发生频数	频率(%)	累计频率(%)
1	顶部充不满	108	60	60
2	气　孔	40	22.2	82.2
3	成型不良	14	7.8	90
4	表面疵点	7	3.9	93.9
5	色　斑	4	2.2	96.1
6	变　形	3	1.7	97.8
7	其　他	4	2.2	100
	合　计	180	100	

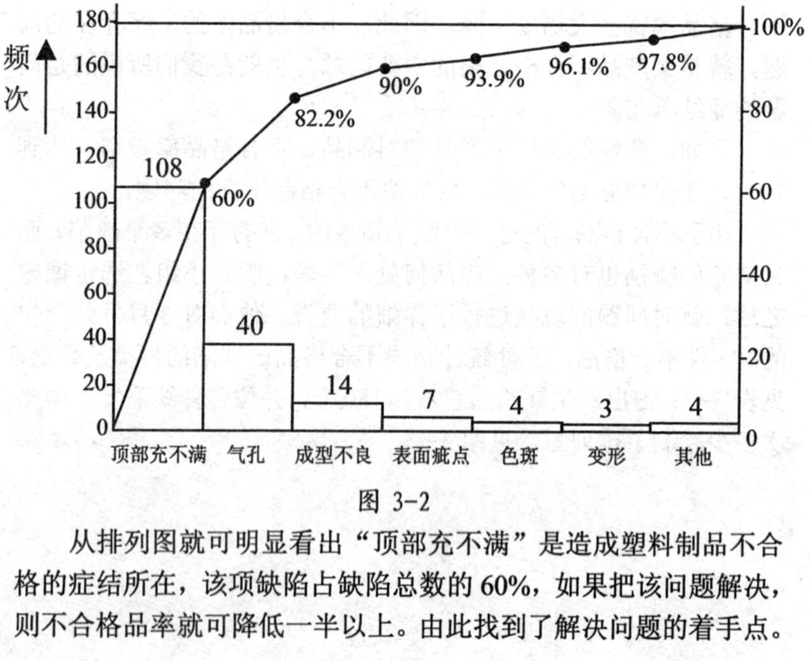

图 3-2

从排列图就可明显看出"顶部充不满"是造成塑料制品不合格的症结所在，该项缺陷占缺陷总数的 60%，如果把该问题解决，则不合格品率就可降低一半以上。由此找到了解决问题的着手点。

二、找出问题症结所在的方法

找出问题症结所在最常用而且最为行之有效的方法是“分层法”。

1．什么是“分层法”

为解决某一个问题所收集的数据资料，往往是综合性的，这些综合性数据资料可按其来源、特征、属性分作两个以上的组，这每一个组称作“层”。

所谓“分层法”，是按一定的标志，把收集到的大量有关某一特定主题的统计数据加以归类、整理和汇总的一种方法。

分层的目的，在于把错综复杂和杂乱无章的数据，加以归类、整理和汇总（按其性质、特征等分成若干个组），使之能确切地反映客观事实。

2．如何分层

一般来说可以按以下几种标志进行分层：

（1）操作人员

可按班（组）、个人、熟练程度、性别、年龄等。

（2）机器设备

可按型号、机（台）号、结构、新旧程度、工夹模具等。

（3）作业方法

可按工艺、操作参数、操作方法、生产速度等。

（4）原材料、零部件

可按规格、成分、产地、供应商、批次等。

（5）时间

可按班次、日期等。

（6）测量、检查

可按计量器具、测量人员、检查方法等。

（7）环境

可按温度、湿度、清洁度、照明度、地区、使用条件等。

（8）缺陷

可按缺陷内容、缺陷部位等。

运用分层法进行分层分析，如果分层后的数据仍带有综合性时，可以进行再分层，这样一层一层分析下去，直到找出问题的具体症结。

分层分析，还可与其他统计方法结合起来，如分层排列图、分层直方图、分层控制图等。

例：某产品(零件)机加工不合格品率2000年1—4月达到1.8%，超过了0.8%的考核指标，质管部门对此非常关注，要把不合格品率降下来。在问题调查中，首先弄清了不合格品的总体情况，见表3-3，并绘制了折线图，见图3-3。

表 3-3　某产品 2000 年 1—4 月不合格情况调查表

日期 / 项目内容	2000 年 1 月	2000 年 2 月	2000 年 3 月	2000 年 4 月	总计
加工数量（件）	4500	4000	4500	4500	17500
不合格品数（件）	76	75	86	78	315
不合格品率（%）	1.69	1.88	1.91	1.73	1.8

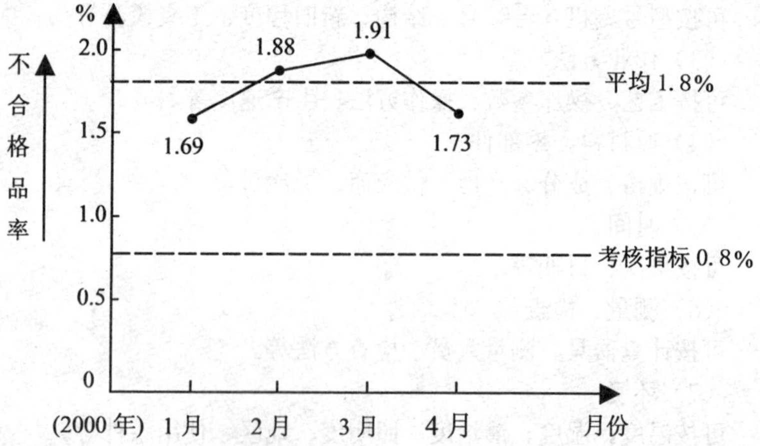

图 3-3　不合格品率折线图

从折线图看出四个月均超过考核指标，没有突发变化。但是该产品加工过程共有 10 道工序，每一道工序都可能产生不合格品。那么这 315 件不合格品，都是哪些工序产生的，主要问题在哪儿？于是，按工序区分进行了分层统计，并绘制了排列图，见表3-4、图3-4。

表 3-4　工序不合格品统计表

工序	产生不合格品数（件）	百分比（%）	累计百分比（%）	备注
第 9 工序	168	53.33	53.33	
第 2 工序	105	33.33	86.66	
第 1 工序	18	5.71	92.37	
第 6 工序	10	3.17	95.54	
第 8 工序	5	1.58	97.12	
其　他	9	2.88	100	
总　计	315	100		

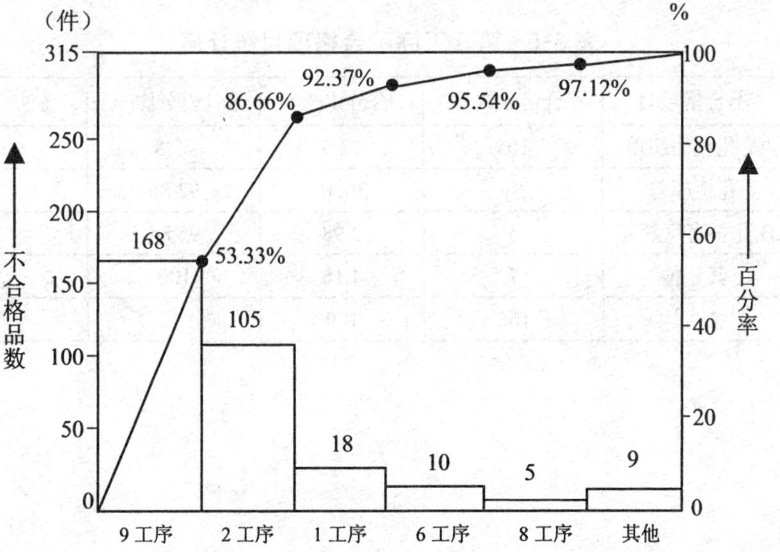

图 3-4　各工序产生不合格品排列图

从图3-4可直观地看出××产品不合格品率高的工序是：

第 9 工序——共产生不合格品 168 件，占不合格品总数的53.33%；

第 2 工序——共产生不合格品 105 件，占 33.33%。

两道工序所产生的不合格品占全部不合格品的 86.66%，如果这两道工序的不合格品率能降下来，该产品加工的不合格品率就可大幅降低。但是，该两道工序产生的不合格品还带有综合性。因为，每道工序都加工多个部位，每道工序的不合格品是由每道工序所加工的各个部位出现的不合格品组成。因此还需要再分层进行统计分析，以明确其具体问题所在。

针对第 9 工序不合格品的再分层分析，见表3-5，并绘制成排列图，见图 3-5。

针对第 2 工序不合格品的再分层分析，见表3-6，并绘制成排列图，见图 3-6。

表 3-5 第 9 工序不合格项目统计表

不合格项目	不合格品数(件)	百分比(%)	累计百分比(%)	备注
A 孔直径超差	105	62.5	62.5	
孔距超差	51	30.36	92.86	
B 孔垂直度超差	5	2.98	95.84	
其 他	7	4.16	100	
总 计	168	100		

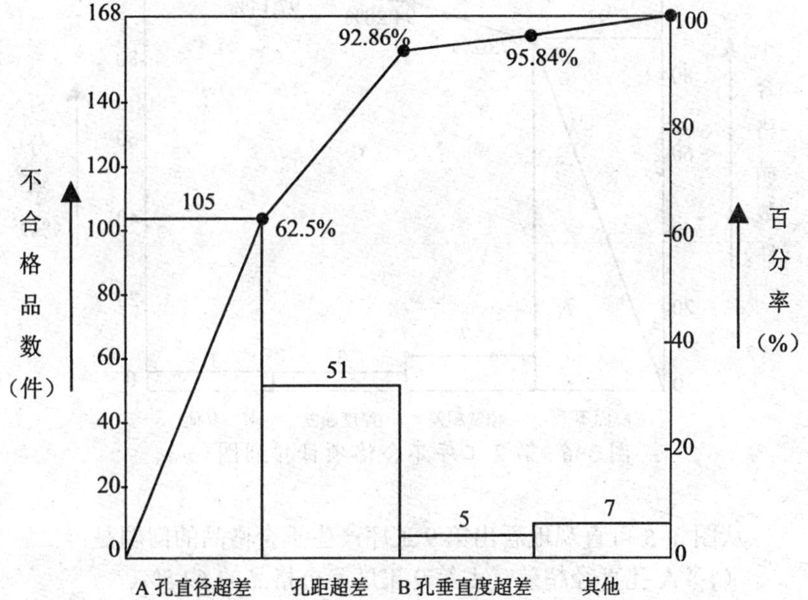

图3-5 第9工序不合格项目排列图

表3-6 第2工序不合格项目统计表

不合格项目	不合格品数（件）	百分比（%）	累计百分比（%）	备注
底面不平	92	87.62	87.62	
槽宽超差	7	6.66	94.28	
厚度超差	3	2.86	97.14	
其 他	3	2.86	100	
总 计	105	100		

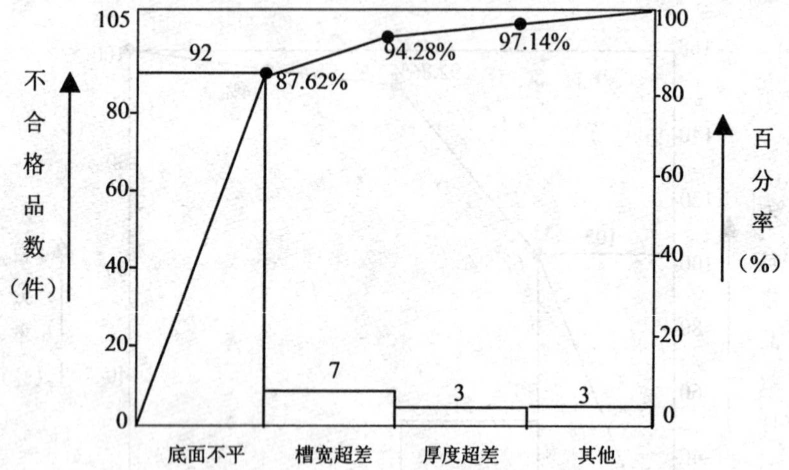

图 3-6　第 2 工序不合格项目排列图

从图 3-5 可直观地看出第 9 工序产生不合格品的问题是：

（1）A 孔直径超差，占第 9 工序不合格品的 62.5%。

（2）孔距超差，占第 9 工序不合格品的 30.36%。

该两个项目的不合格品占了第 9 工序不合格品的 92.86%。同样，从图 3-6 可直观地看出第 2 工序产生不合格品的问题是：

底面不平占第 2 工序产生不合格品的 87.62%。

图 3-4、3-5、3-6 三个排列图也可以绘制成一张分层排列图，见图 3-7。

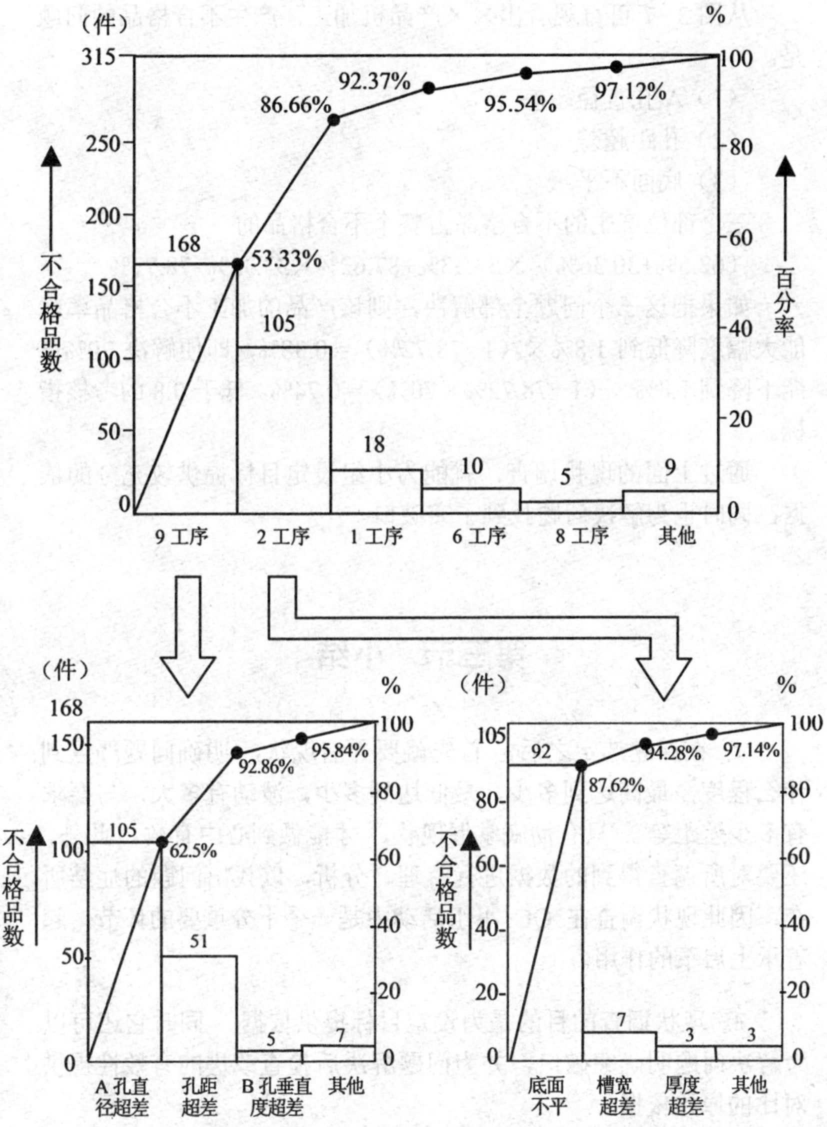

图 3-7 ××产品机加工不合格品分层排列图

从图 3-7 可直观看出××产品机加工，产生不合格品的问题是：

（1）A 孔直径超差

（2）孔距超差

（3）底面不平

三个部位产生的不合格品占整个不合格品的

（62.5%+30.36%）×53.33%+87.62%×33.33%=78.72%

如果把这三个问题全部解决，则该产品的加工不合格品率就能大幅度降低到 1.8%×（1-78.72%）= 0.38%，即便解决 70%也能下降到 1.8%×（1- 78.72%×70%）= 0.74%，低于 0.8 的考核指标。

通过上面的现状调查，就能为小组设定目标提供较充分的依据，同时也为解决问题找到了突破口。

第三节　小结

1. 在课题选定之后，首先就要弄清现状，明确问题严重到什么程度，最高达到多少，最低达到多少，波动有多大，与要求有多少差距等。只有彻底掌握现状，才能做到心中有数。此外，还要对所调查得到的数据进行整理、分析，以找出问题的症结所在，因此现状调查在 QC 小组活动中是一个十分重要的环节，起着承上启下的作用。

2. 现状调查的目的是为设定目标提供依据。同时它还可以为解决问题明确突破口，并为问题解决后检查改进的有效性提供对比的原始依据。

3. 现状调查就是要收集必要的数据，以反映客观事实。为了收集、整理、分析这些数据，就要应用一些统计工具。常用的工具和方法有：调查表、简易图表（柱状图、折线图、饼分图等）、排列图、直方图、控制图、过程能力指数等，可根据需要来选用。在分析症结所在时，分层法则是最常用的方法。

4. 在现状调查收集数据时，还要注意以下几点：

(1) 要收集与所解决的课题有关的数据。如果其中掺杂着许多与要解决的问题无关的数据，则会对问题的分析造成混乱。

(2) 收集的数据要有客观性，避免只收集对自己有利的数据而忽略其他数据。

(3) 收集数据的时间要有约束。要收集离 QC 小组活动开始最近时间的数据，才能真实反映现状，因为情况是会随时间的变化而不断变化的，外界条件变化了，数据也就会变化。用时间相隔长的数据进行分析，得出结论，作为下一步活动的依据，可能会把活动引入歧途。

第四章　设定目标

在选定课题，并把现状调查分析清楚之后，就可设定目标。

第一节　为什么要设定目标

有人说："只要解决问题就行了，能解决多少就多少，要不要先确定目标是无所谓的。"这种提法是错误的。人们每做一件事情、每解决一个问题，不论问题的大小，都要有目标。没有目标，就没有追求。国家搞经济建设要制订五年规划，要确定目标；企业在每年年初要制定年度方针目标，明确在生产经营上要达到一个什么水平。我们要解决问题，搞质量改进同样如此，不设定目标，就没有奋斗方向，一切活动将是盲目的。所以，这种"要不要先确定目标无所谓"的说法，是没有自信心的表现，没有自信，就不可能去努力奋斗，千方百计克服困难。因此，确定目标对 QC 小组活动具有重要意义。

1．明确通过小组活动，将问题解决到什么程度

设定目标也就是小组对解决该问题的追求。设定目标以后，小组在以后的活动中，就能全力以赴，来实现这个目标。

2．为效果检查提供依据

在分析原因、确定主要原因、制定对策并按对策实施之后，检验改进的效果是否达到预定要求时，目标就是对比的主要依据。

第二节　怎样设定目标

一、目标应与课题名称一致

上面讲到设定目标，就是明确通过小组活动，把问题解决到什么程度，因此，必须针对所要解决的问题来设定目标。例如，选定的课题是《降低××产品（或零件）的加工废品率》，则目标就应该设定为：加工废品率由现在的 3.4%降到 0.5%以下。又如，选定的课题是《提高清水墙抹灰优良率》，则目标就应该设定为：清水墙抹灰优良率从现在的 65%提高到 90%以上。

如果选定的课题是《降低××产品（或零件）的加工废品率》，而设定的目标却是：废品损失由现在的 3500 元/月降低到 500 元/月以下。或者选定的课题是《提高清水墙抹灰优良率》，而设定的目标却是：创建×××优质工程，这样来设定目标就会犯逻辑性的错误。

二、目标要定量化

目标一般来说有两种：定性目标和定量目标。

1．定性目标

只确定目标的性质，而没有具体量化的目标，称为定性目标。

例如：提高工程勘察质量；

提高规范化服务的程度；

设备管理得到加强；

在 1999 年 10 月创出“××市治安安全达标工地”，完成公司预定目标。

从以上四例可看出，设定这样的目标，经过分析原因、采取措施，其改进结果，无法与之衡量对比，无法明确是否已经达到预定的目标。因此，QC 小组活动不能以定性目标作为小组的活动目标。

2．定量目标

除了确定目标的性质之外，还有量化了的目标值，称为定量目标。

例如：不合格品率从平均 3.4%降低到 0.5%以下；

单位成本从 65 元降低到 50 元以下；

清水墙抹灰优良率从 65%提高到 90%；

内孔的加工精度从 C_{PK}=0.56 提高到 C_{PK}=1.33 以上。

只有设定的目标是定量目标，通过活动或改进后与之比较，才能明确是否已经达到既定目的。因此，QC 小组设定的目标必须是定量目标。

第三节　目标设定不宜多

在第二章选择课题中已明确指出，QC 小组选题应选择存在的具体问题作课题。既然是具体问题，目标又要针对问题来设定，则设定一个目标就可以了。

例如：

课题是《提高窗式空调器一次装机合格率》，则目标设定为：一次装机合格率从目前的 94.6%提高到 98%以上；

课题是《降低寻呼机返修率》，则目标设定为：返修率从现在的 2.52%降低到 2%以下；

课题是《降低计算机打票成本》，则目标设定为：计算机打票成本从现在的平均 1957 元/月降低到 600 元/月以下。

如果一个课题设定两个以上的目标，则必然要分别以两个以上的目标为中心进行活动，使解决问题的过程复杂化起来，而且往往会造成整个成果的逻辑性混乱。

下面通过我们见到的设定多个目标值的案例进行分析，就可以看出，设定多个目标是没有必要和没有道理的。

案例 1. 由于设备常发生故障停机，影响生产，于是设备维修 QC 小组就以《降低设备故障停机率》为题开展活动，通过对三个月内的故障停机情况的调查，了解到平均每月故障停机达到 44 小时，故障停机率达到 25%；为找出症结所在作深入一步分层调查分析时，发现故障停机次数多达 20 次/月，而其中的控制系统故障占停机次数的 62%。进一步分析时又发现，控制系统的故障次数虽然很高，但故障修复却耗时较短，最短的 20 分钟就可以恢复设备运转，最长也不超过 1 小时，而液压系统的故障次数虽然平均 3 次/月，而修复的耗时却较长，最少每次耗时 5 小时，最多达 8 小时，从而明确了控制系统故障和液压系统故障是症结所在。并设定了小组的目标有 3 个：

（1）故障停机次数从 20 次/月降低到 8 次/月以下。

（2）停机时间从 44 小时/月降低到 15 小时/月以下。

（3）故障停机率由原来的 25%降低到 10%以下。

从该案例看，小组制定了三个目标，这三个目标确实也是围绕着《降低设备故障停机率》这个课题制定的。但再进一步分析，就可以看出第一、第二两个目标都是为第三个目标服务的，因此大可不必设定三个目标，只要设定三个目标中的一个目标就可以了。

案例 2. 由于车间考核班组的不合格品率的指标没有达到，因此 QC 小组就以《降低班组的不合格品率》为题开展活动，经过现状调查，发现班组生产 8 种产品，而 D 产品所产生的不合格品占班组不合格品的 62%，把 D 产品的不合格问题解决，班组的不合格品率就会大幅度下降。于是小组设定了以下目标：

（1）班组不合格品率从原来的 1.6%降低到 0.8%以下；

(2)不合格品损失从原来每月 24000 元降低到 12000 元以下。

小组之所以设定两个目标，是因为大家以为不合格品率减半以后，不合格品损失必然也会减半，因此增加了第二个目标。但事实并非如此，小组把D产品不合格问题解决后，检查效果时，第一个降低不合格品率的目标是达到了，但第二个目标却没有达到。为达到目标，小组不得不重新收集和统计不合格品损失数据，找到了影响不合格损失金额的“大户”是B产品，把B产品问题解决后，第二个目标也就实现了。

从该案例我们可以看出，多增加一个目标就会使课题变得复杂起来。

案例3. 某制药厂QC小组，以《确保新输液车间通过国家GMP认证》为题开展活动，并制定了三个目标：

（1）认证目标：确保新输液车间通过国家GMP认证。

（2）质量目标：确保输液产品质量合格率100%，优级品率85%。

（3）效益目标：确保输液车间年产量达到2000万瓶，完成产值4000万元。

该案例中，小组设定了三个性质完全不同的目标，而活动过程却只围绕着通过GMP认证来分析问题原因、制定并实施对策，但到效果检查时却出现了三个目标都有数据进行对比的局面，因此造成了整个成果在逻辑性上的混乱。

综上所述，目标设定一个为宜。如有性质不同的多个目标，则采用多个课题予以解决为好。

第四节　目标值设定的水平及依据

一、目标值设定的水平

目标值设定在什么水平上，从原则上来说有三条。

1. 目标要有一定挑战性

设定的目标要具有挑战性，要通过小组的奋力攀登才能达到，这样才能更好地调动小组全体成员的积极性和创造性。当经过努力，克服困难，达到所设定的目标时，才能感受到达到目标后的乐趣，真正体会到自身的价值，更好地鼓舞小组的士气。

因此，许多小组常运用水平对比法，把同行业、同专业、同工种所达到的先进水平作为小组的目标，或本小组历史上曾经达到过的最高水平作为小组目标，以体现小组的必胜信念。

2．目标应是通过小组的努力可以达到的

如果把目标定得很高，虽然很有挑战性，但小组千方百计、努力攻关，仍达不到目标的要求，便会挫伤小组成员的积极性。为使设定的目标既有一定挑战性，又是经小组努力可以达到的，许多小组常把目标设定在对问题解决程度的预先估算之上。

例 1：某塑料制品厂的某种塑料制品废品率高达 16%，大大超过了上级考核的 5%的指标，于是小组以《降低某塑料制品废品率》为题开展活动。在现状调查中，通过对上月产生的 195 件废品的缺陷统计分析，“表面气孔”占缺陷总数的 48%、“充不满”占缺陷总数的 36%，两种缺陷占废品总缺陷数的 84%，这两种缺陷是造成废品率高的症结所在。只要把这两种缺陷解决，某塑料制品的废品率就会大幅度降低。针对这两种缺陷，通过改进，能解决到什么程度，小组成员在一起讨论进行了估计。认为解决它们的 85%是能够做到的，并按此进行估算：84%×85%×16%=11.4%，即两种缺陷都解决 85%，则废品率就能降低 11.4 个百分点。因此，小组设定目标值为废品率从原来的 16%降低到 5%以下。

这样设定的目标是建立在科学分析基础上的，又能满足上级考核要求，因此，这样设定的目标值是有充分依据的。

3．当所要解决的课题，其现状与上级的考核指标或与产品、工艺的规格要求有较大差距时，可以把上级的考核指标或产品、工艺的规格要求作为小组活动的目标值。

例 1：某产品的生产线，原设计生产能力是班产 400 件，但投产后一直未达到原设计要求，最高只达到班产 350 件，平均班产 335 件，于是成立 QC 小组，要解决该问题。小组经过现状调查，找到了问题的症结所在后，制定了要达到原设计班产 400 件的目标值。

这样设定目标也是有一定依据的。

例 2：某商场家用电器部，经营情况不好，平均月销售额仅为 200 万元。商场采取措施，把家用电器部的职工收入与其销售额捆绑在一起，明确家用电器部销售额指标为平均 300 万元/月，达不到该指标，职工收入按比例下浮，超过该指标另加奖励，超额越多，奖励额度越大。为此家电部成立 QC 小组，并以此为题，通过内部的现状调查以及到兄弟商场家电部进行调查，找出了差距，决定以上级考核的销售额平均 300 万元/月作为小组活动的目标值。

因为达不到此指标会影响职工收入，为此，该目标的设定也是有一定依据的。

二、目标值设定的依据

目标值设定之后，为什么把目标值设定在这个水平上，也就是目标值设定的依据，在成果报告中要交代清楚，除说明充分理由外，使别的小组能从中得到启发。

上面已说明了目标值如何设定，因此在说明目标值设定依据时，可根据课题的具体情况，从以下内容中选取：

（1）上级下达的考核指标（或标准的要求），必须达到。

（2）顾客提出的需求，必须予以满足。

（3）通过水平对比，在设备条件、人员条件、环境条件等方面都差不多的情况下，与同行业已达到先进水平的企业进行比较，从而定出也能达到该水平的目标。

（4）历史上曾经达到过的最好水平。

（5）通过现状调查，找出症结所在，预计解决程度，测算出能达到的水平。

例：某制药厂生产骨通贴膏，进入夏季后，废片率猛增，平均达到了 9.8‰，大大超过部门考核指标≤3.5‰的要求，为此，小组选择了《降低骨通贴膏废片率》的课题。通过现状调查，找出了造成废片率高的症结是“膏面色泽不均匀”，由它造成的废片占整个废片率的 87.6%，于是小组设定目标为：把废片率由目前的 9.8‰降低到 3‰。

设定目标值的依据是：

（1）部门考核的废片率指标≤3.5‰必须达到，而 3‰低于部门考核指标。

（2）过去生产中废片率曾有低于 3‰的记录，从现状调查中可看出就是进入夏季后，仍有两批产品的废片率小于 3‰。

（3）调查表明，膏面色泽不均匀占废片率的 87.6%，如果完全解决废片率可下降 9.8‰×87.6%＝8.6‰，即使仅解决其 80%，废片率也可下降 9.8‰×87.6%×80%＝6.87‰，也就是降低到 2.93‰，因此 3‰的目标值是可以达到的。

这样设定的目标值依据是充分的。

目前有不少成果，没有依靠现状调查来为目标值的设定提供依据，而是对为什么设定这样的目标值进行可行性论证。

例：某装配 QC 小组为提高产品的装配一次合格率，设定目标为：装配一次合格率从原来的 78%提高到 90%，然后对设定的目标进行了可行性论证。

（1）我们搞这个课题得到领导的大力支持，需用资金可以得到保证。

（2）本 QC 小组是三结合的小组，老工人有 20 多年工龄，经验丰富，技术人员专业水平高，有三个高工，因此有能力实现这个目标。

（3）小组成员均受过 48 小时 QC 理论的教育培训，熟悉 QC 的各种方法，同时已完成了三个课题，并取得好成绩，因此有解决问题的经验。

（4）企业通过了 ISO 9001 的认证，有实现目标的外部环境。因此，我们的目标是完全可以达到的。

从该案例可以看出，可行性论证的四条内容空洞，没有一条可以说清楚为什么装配一次合格率的目标设定在 90%，而不设定在 85%或 95%的理由。因此这样的可行性论证只能说明所制定的目标值没有充分的依据。

第五节　小结

1. 对于小组自选的课题，通常目标也是自定的。在弄清问题现状及找出症结所在之后，就要设定小组目标，以明确小组通过活动要把问题解决到什么程度。

对于指令性课题，由于目标值是上级指令下达的，在选定课题之后，就应立即明确小组目标。然后对目标进行可行性分析。而掌握问题的现状，找出症结所在则放在对目标的可行性分析中去完成。

2. 设定目标，必须要用定量目标表示。以便通过改进，取得效果后，可以进行对比检查，看其是否已达到预定的要求。

3. 要针对所要解决的问题来设定目标，如果该问题得到解决后，同时能使相关的问题得到改善时，可在检查效果中加以说明，但不要增加设定的目标，以免增加课题的复杂性。因此，设定的目标以一个为宜。

4. 设定的目标既要有一定的挑战性，又应是通过小组的努力可以达到的。为此，设定目标的依据可从以下内容中选取：

（1）上级下达的考核指标（或标准的要求）。

（2）顾客提出的需求。

（3）条件相当的同行业的先进水平。

（4）历史上曾经达到过的最好水平。

（5）对于问题解决程度的测算分析等。

不要把一些抽象的、空洞的虚词套话作为设定目标值的依据。

第五章　原因分析

通过现状调查及分析，弄清了问题的来龙去脉，找到了问题的症结所在，并设定目标，明确了要把问题解决到什么程度，接下来就可以分析问题的原因了。

第一节　针对什么分析原因

针对什么分析原因是原因分析首先要明确的问题。

一般来说，当课题要解决的问题是很具体的问题时，需针对课题所要解决的问题来分析原因。例如，课题是要解决某塑料制品铸塑时顶部充不满的问题，由于顶部充不满是一个很具体的铸塑缺陷，小组通过现状调查弄清问题的严重程度，并设定目标后，就针对“顶部充不满”来分析原因，这是对的。

但是，有许多课题，虽然是一个比较明确的质量问题，却仍带有一定的综合性。如要降低某零件的加工不合格品率，虽然很明确但仍带有综合性。参见第三章第二节第二个问题介绍分层法的实例，由图 3-7 可以看出，A 孔直径超差、孔距超差和底面不平三个质量缺陷问题占整个零件不合格品率的 78.82%，也就是整个问题的症结所在。把这三个缺陷问题解决，整个零件的机加工不合格品率就能大幅度下降。要解决这三个症结，就要针对这三个问题来分析原因。如果针对“某零件加工不合格品率高”这个带有综合性的问题来分析原因，显然无法进行分析，如果勉强分析，则所分析出的原因必然没有针对性，不知道是哪一道工序哪一种缺陷的原因。

第二节　原因分析应用的工具

在 QC 小组活动中用于原因分析的工具有三种，它们是：因果图、树图（系统图）和关联图。

一、因果图

> 因果图是表示质量特性波动与其潜在（隐含）原因的关系，即表达和分析因果关系的一种图表，它是由日本著名质量管理专家石川馨博士创造的，因此也叫石川图。其形状像鱼骨刺，也称鱼骨刺图。

绘制因果图，首先要明确结果，也就是针对什么问题来进行分析。然后设定原因的类别，再按每一个原因类别一层一层地展开分析，一直分析到很具体的原因，即分析到可以直接采取对策的程度为止。见图 5-1。

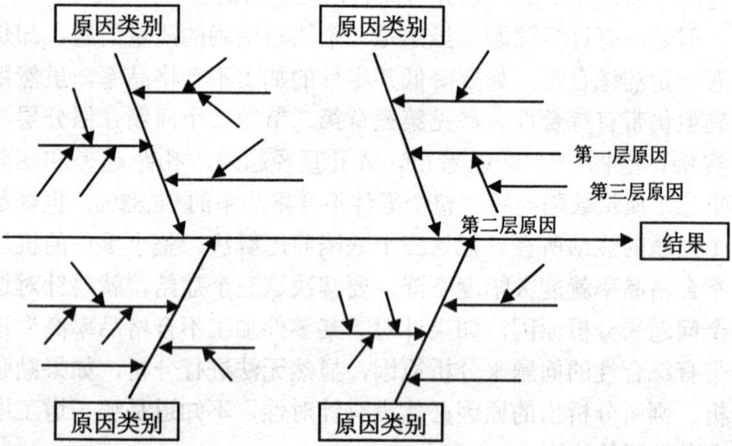

图 5-1　因果图的图型

1．因果图的结果

因果图的结果，就是我们要进行分析的问题症结。针对所要分析的问题症结，展开分析其原因。从图5-1中箭头的指向可以清楚地看出第三层原因影响着第二层原因，第二层原因影响着第一层原因，第一层原因影响着原因类别，原因类别影响着结果，也就是所有每一条原因都可能造成结果出现问题。

这里要特别指出的是，一个因果图只能对一个问题进行分析，不同的两个问题就要分别用两个因果图来各自分析。因为不同的问题，具体的影响原因是不相同的，如果两个问题用一个因果图来分析，所分析出的原因就没有针对性，就会造成逻辑上的混乱。

例如：某商店经营状况不好，商店 QC 小组以此为题开展活动。通过现状调查、分析，明确了造成经营状况差的症结有两个：一是服务态度差，二是商品结构不好。小组在设定目标后，就针对服务态度差和商品结构不好两个问题来分析原因，但他们对两个问题用一个因果图来分析，见图5-2，这样分析出的原因不知是影响服务态度差的，还是影响商品结构不好的，直接影响了对症下药地解决问题。

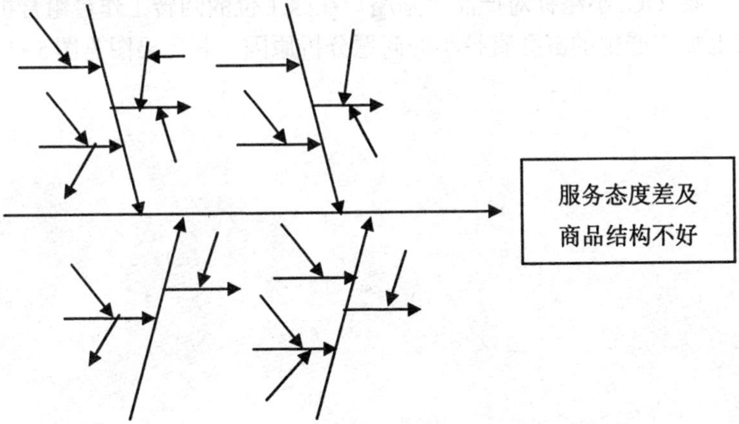

图 5-2

2．原因类别

用因果图来分析问题的原因，要展示造成问题的原因全貌，也就是要把所有可能影响问题的原因都分析到因果图上去。为避免遗漏某一方面的问题，要先确定原因的类别，然后按每一类别一层一层地展开分析下去。

因果图通常是用“5M1E”来作为原因类别的，即：

人 (Man)

设备 (Machine)

材料 (Material)

方法 (Method)

测量 (Measure)

环境 (Environment)

从这几个角度展开分析，就能避免遗漏。当然在应用时，也不要生搬硬套这6个原因类别，可根据问题的实际情况来选取。此外，如果是要对管理问题作分析时，则可根据所分析问题的实际情况自行设定原因类别。

3．因果图实例

某 QC 小组针对产品“基座”在四工位的回转工作台组合机床上加工产生的缸孔直径小的问题分析原因，其因果图见图5-3。

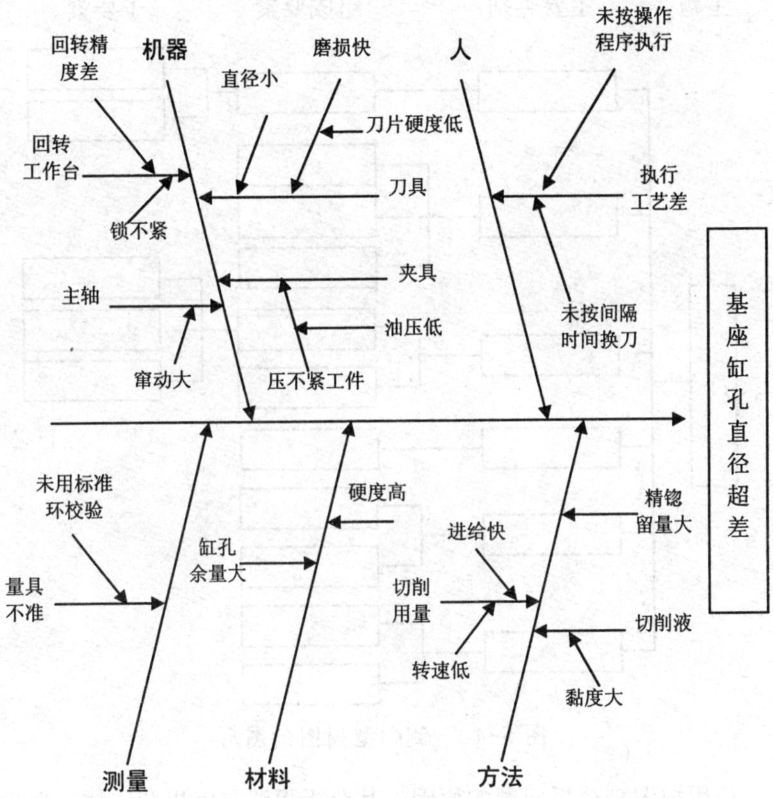

图 5-3

二、树图

> 树图又称为系统图。树图是表示某个主题与其组成要素之间关系的一种树枝状的图。

在原因分析中所用的树图一般采用侧向型树图，见图 5-4。

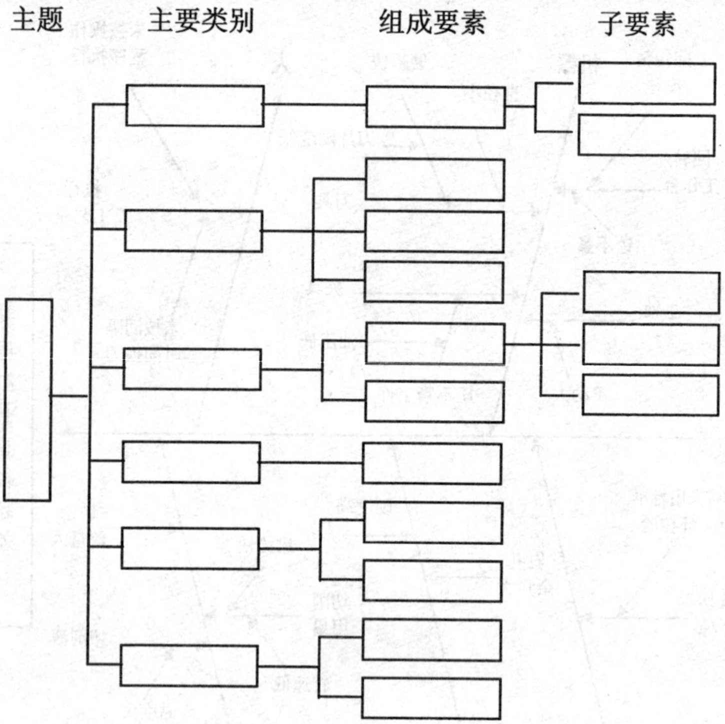

图 5-4　侧向型树图的图形

用树图来分析问题的原因，其分析思路与因果图一样，把需要分析的问题放在主题的位置，然后从主要类别、组成要素、子要素、子子要素一层一层进行展开分析，一直分析到非常明确、具体的原因为止。

树图多用来针对某一问题进行系统的展开分析。例如：某设备故障停机多，要找出影响停机的具体原因。由于该设备由机械系统、液压系统、电器系统、控制系统四个系统组成，因此可把“设备停机故障多”作为主题，把“机械系统”“液压系统”“电器系统”“控制系统”作为主要类别，一层一层地展开分析下去。

与因果图一样，一个树图只能对一个问题进行分析，不过因果图因图形的密度所限制，一般最多分析到第四层，而树图没有图形密度限制，因此可以分析到更多层。下面介绍一个用树图分析原因的实例。

例：某制药厂生产骨通贴膏，出现废片率高，经调查分析，找出症结是“膏面色泽不均匀”，于是小组针对“膏面色泽不均匀”这一问题用树图分析原因。见图 5-5。

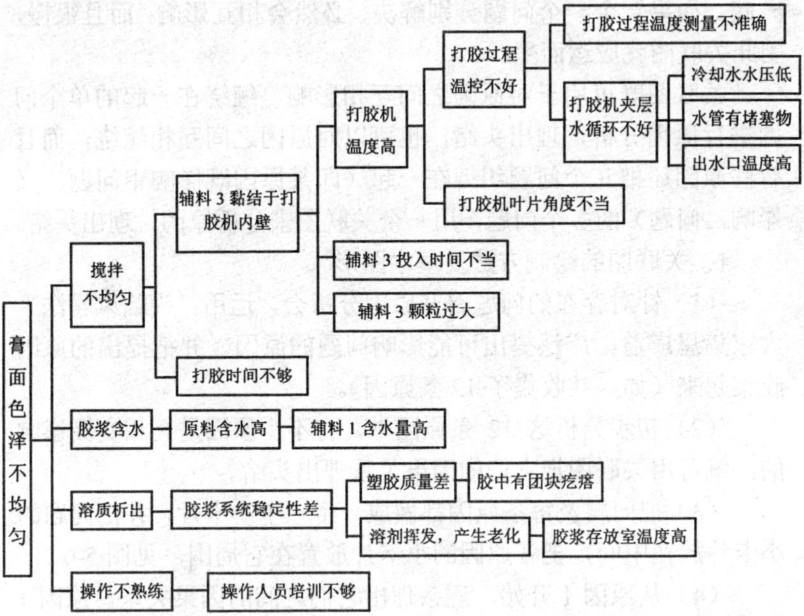

图 5-5

通常情况下，树图与因果图可以互为转换，因此对单一问题分析原因，可根据自己对图形的熟悉程度和习惯来选用因果图或树图。

三、关联图

> 关联图是表达关系复杂，原因之间相互关联的单一问题或多个问题的图形。是根据逻辑关系厘清关系复杂的语言文字资料的一种方法。

有时影响质量问题的原因是多种多样、错综复杂的，有的原因与原因之间相互影响，有的原因把两个性质不同的问题纠缠在一起，如果一个一个问题分别解决，必然会相互影响，而且很慢，因此关联图就应运而生。

关联图既可用于对原因之间互相影响、缠绕在一起的单个问题进行原因分析，理出头绪，也可以对原因之间互相缠绕，而且有些原因还把几个问题纠缠在一起（即某原因既影响甲问题，又影响乙问题）的多个问题，用一个关联图来分析原因，理出头绪。

1. 关联图的绘制方法及基本图形

（1）针对存在的问题召开原因分析会，运用“头脑风暴法”，大家集思广益，广泛提出可能影响问题的原因，并把提出的原因收集起来（如，共收集了 12 条原因）。

（2）初步分析这 12 条原因中，有不少原因是互相交叉影响的，就可用关联图把它们的因果关系理出头绪。

（3）把问题及每条原因都做成一个一个小卡片，并把问题的小卡片放在中间，把各原因的小卡片放置在它周围，见图 5-6。

（4）从原因 1 开始，逐条理出它们之间的因果关系。原因 1 影响着原因 3，原因 3 影响着原因 2，原因 2 影响着问题，就用箭头联系起来，从原因 1 箭头指向原因 3，从原因 3 箭头指向原因 2，再从原因 2 指向问题。原因 1 同时又影响着原因 12，原因 12 又直接影响着问题，则再把箭头从原因 1 指向原因 12，原因 12 再把箭头指向问题。然后再看原因 2，原因 2 除受原因 3 的影响和直接影响问题外，还影响着原因 12，就用箭头从原因 2 指向原因 12，这样把12条原因都理了一遍，关联图也就绘制完成了。绘制完成的图5-6，就是中央集中型关联图的基本图形。

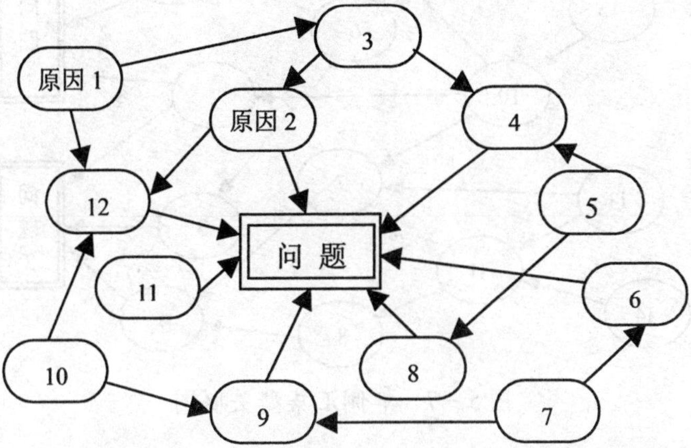

图5-6 中央集中型关联图基本图形

图中：方框 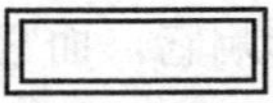 表示问题，椭圆框  表示原因，箭头指向:原因——▶结果。由于位置紧凑，无论是问题，还是原因均要用简洁、明了的语言填入框中。

另外，关联图还有一种单侧汇集型的形式。这种图形是把问题框放在一侧，原因按层次向另一侧展开，参见图5-7。

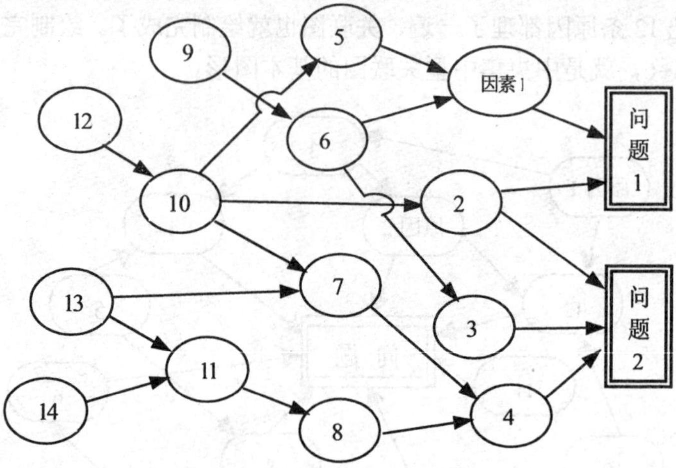

图5－7　单侧汇集型关联图

2．关联图的末端原因

图5-6和图5-7中的各框出现三种情况：

（1）箭头只进不出

箭头只进不出，说明只有别人影响它，而它不影响别人，这就是需要分析原因的问题。

（2）箭头有进有出

箭头既有进又有出，就是它既影响别人，同时又受到别人的影响，说明它不是具体的末端原因，只是一个中间原因。有的原因进、出的箭头很多，也只能说明是一个很重要的中间原因而已，不能把它作为末端原因。

（3）箭头只出不进

箭头只出不进，就表明它只影响别人，而无别人影响它，说明它就是具体的末端原因。

从图5-6的关联图中可以看出，箭头只出不进的原因有：原因1、原因5、原因7、原因10、原因11，因此这5条原因是造成问题的末端原因。从图5-7的关联图中可以看出：原因9、原因12、原因 13、原因 14 这 4 条是造成问题的末端原因。

3. 关联图应用举例

在外圆磨床上精磨某工件外圆，见图 5-8 。采用切磨方法，出现不合格品较多。通过现状调查分析，不合格的症结是“直径超差”和“粗糙度超差”两个问题。这两个问题是不同性质的。但由于是同一工序产生的，其影响原因之间必然会互相缠绕，为此可用一个关联图对两个问题一起分析原因。小组运用“头脑风暴法”共提出了 20 条原因，它们是：

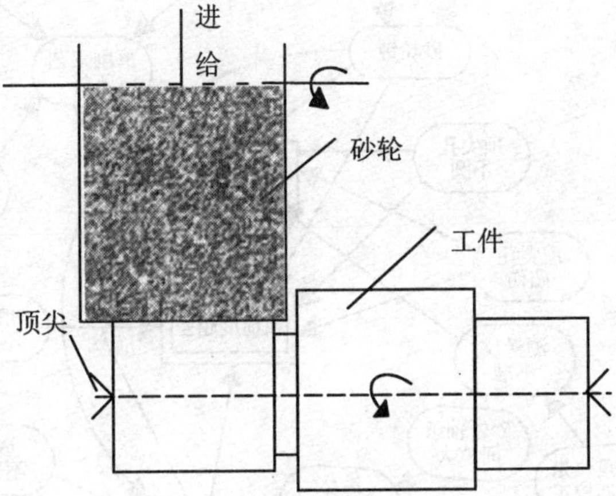

图 5-8

余量大	进给太快	砂轮钝	未及时修整砂轮	顶尖孔磕伤
顶尖孔不圆	测量仪不准	测量仪未定期校正	磨削工艺不好	砂轮选择不当
砂轮粒度粗	砂轮硬度低	工件转速低	砂轮振动	砂轮不平衡
砂轮轴跳动大	砂轮轴承间隙大	切削液不好	切削液流量小	切削液浓度低

于是绘制关联图，理出了头绪，见图 5-9。

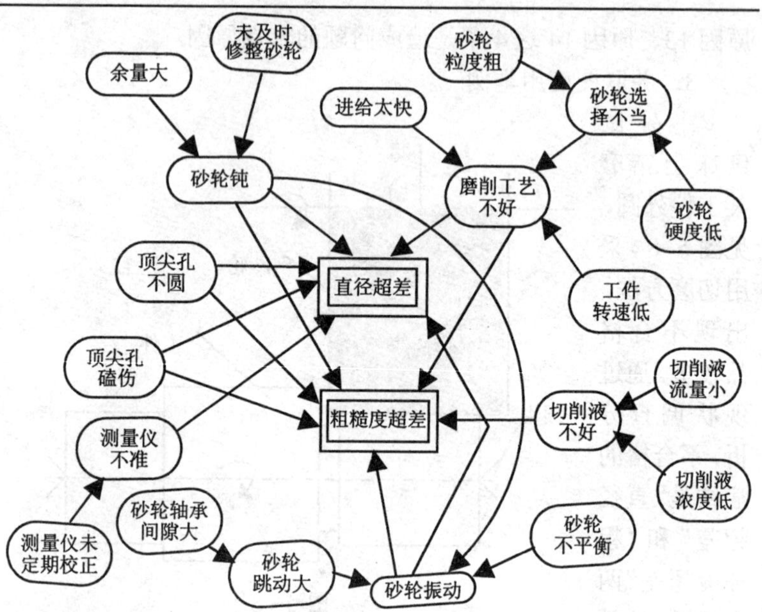

图 5-9

第三节　原因分析中应注意的问题

一、根据具体情况正确、恰当地选用工具

原因分析通常用因果图、树图和关联图三种工具，三种工具的主要特点及适用场合归纳见表 5-1。

表5-1

<table>
<tr><th>工具名称</th><th>适用场合</th><th>原因之间的关系</th><th>展开层次</th></tr>
<tr><td>因果图</td><td>对单一问题进行原因分析</td><td>原因之间没有交叉影响</td><td>一般不超过四层</td></tr>
<tr><td>树图</td><td>对单一问题进行原因分析</td><td>原因之间没有交叉影响</td><td>没有限制</td></tr>
<tr><td rowspan="2">关联图</td><td>对单一问题进行原因分析</td><td>原因之间互相缠绕（有交叉影响）</td><td rowspan="2">没有限制</td></tr>
<tr><td>对两个以上问题一起进行原因分析</td><td>部分原因把两个以上的问题纠缠在一起</td></tr>
</table>

1．因果图和树图都是对单一问题进行原因分析时用，而且原因之间不能有交叉影响，可根据小组对工具的熟悉情况和应用习惯来选用。对生产现场的具体质量问题，以5M1E作为原因类别，通常用因果图更为合适。如果原因层次很多，因果图会受图形空间较小的影响，不便于使用，可以用树图。

2．对原因之间互相缠绕（有交叉影响）的问题用关联图来分析。原因之间没有互相缠绕（无交叉影响）的，就不能用关联图。

3．当部分原因把两个以上的问题纠缠在一起时，可把被纠缠在一起的两个以上的问题用一个关联图来进行原因分析。但是，当两个以上的问题，它们各自之间的原因有交叉影响，而并没有哪个原因把两个以上的问题纠缠在一起时，则不能用一个关联图来分析，应对每个问题各自用关联图来分析。

二、要展示原因的全貌

在分析原因时，无论用何种工具，必须要客观全面地进行分析。只要对问题有可能造成影响的原因，都要分析到，并纳入分析工具（因果图、树图、关联图）中去，这样才能不漏掉有影响的原因。但目前有不少小组成果报告中的因果图，却只有3—5个刺，树图只有少数几个枝杈，这主要是没有客观全面地进行分析所致。只凭主观地认为这几条是影响原因就纳入到工具中去，而其他原因主观认为影响不大，就不纳入到工具中去，这样往往会把真正有影响的原因漏掉。因此，必须全面、客观地分析。

三、原因要展开分析到可直接采取对策的程度为止

原因分析要一层一层展开分析到末端原因。一个完整的因果图至少应有两层，许多因果图有三层或更多层。树图也同样如此。

末端原因必须是：非常具体的；不是抽象的；可以确认的；直接采取对策的。

例如：对“曲轴拐径磨小”这个问题分析原因，见图 5-10。从人的类别分析，“没执行操作标准”是第一层原因。由于操作标准内容很广，不具体，也无法进行确认及制定具体对策，因此还要往下分析。“没按要求自检”和“没及时修整砂轮”为第二层原因，这两条已是很具体的原因了，可以进行确认并直接采取对策。因此，分析到这里才是分析到了末端原因。

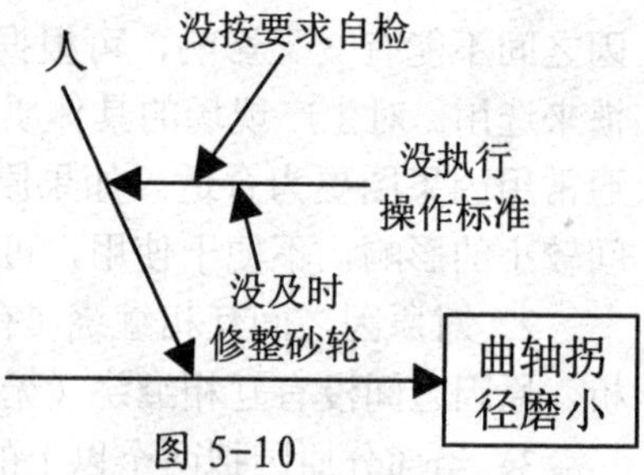

图 5-10

没有分析到末端原因举例，见图 5-11。

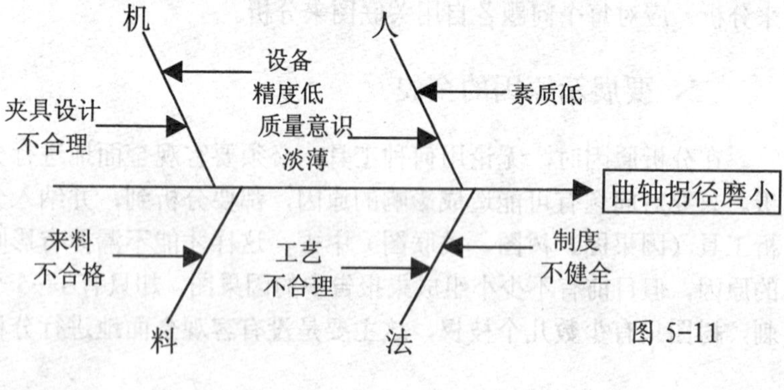

图 5-11

从图 5-11 中可看出，所有七条末端原因都是抽象的，无法确认的，当然就无法直接采取对策，这样来分析原因是失败的。

因此，分析原因时无论用因果图、树图或关联图，在图形作完后，都应对其末端原因进行逐条检查，看其是否已展开分析到可直接采取对策的程度，如果还没有，则要继续往下一层次展开分析。

第四节　小结

1. 针对什么来分析原因，是原因分析首先要明确的问题，因为它涉及整个课题的逻辑性及分析的合理性。

对于在现状调查中已掌握现状并找出问题的症结所在，并准备从症结着手解决时，就要针对症结来分析原因。

2. 要正确、恰当地选用分析原因的工具。常用于原因分析的三个工具是因果图、树图（系统图）和关联图。

因果图适用于对单一问题的原因分析，多用于对生产现场的质量问题作原因分析。

树图适用于对单一问题的原因分析，多用于对问题从组成系统方面进行展开分析。

关联图适用于对原因与原因之间、原因与问题之间有互相缠绕、交叉影响的单一问题及多个问题进行原因分析。

3. 分析的具体做法有两种：

（1）展开分析法，即按下面图示关系展开：

结果 → 原因
‖
结果 → 原因
‖
结果 →原因

(2)“头脑风暴法”，即召开原因分析会，运用“头脑风暴法”广泛收集可能影响问题的原因，然后整理到所选用的因果图、树图或关联图中去。

4.分析原因要展示原因的全貌，要客观地分析，只要对问题有可能造成影响的原因，都要分析出来，并纳入相应的工具中，尽量避免遗漏。

5.原因层层展开分析，一直分析到末端原因，也就是要分析到可直接采取对策的程度为止。

有的小组在确定主要原因时提出“有些原因无法用数据来确认”，造成这种现象，大多是末端原因没有分析到可直接采取对策的程度之故。为此，在作完因果图、树图或关联图后，要对所有末端原因进行逐一确认，看其是否已分析到可直接采取对策的程度。

第六章　确定主要原因

在原因分析时，为避免遗漏掉真正有影响的原因，而要求展示原因的全貌，把只要有可能影响的原因都分析出来，并纳入到因果图或树图或关联图中去。这样就会出现很多的原因，其中部分原因确实对问题造成了影响，也有许多原因，虽然有可能对问题造成影响，但实际状态却很好，没有产生异常。如果所有原因都要制订对策并加以实施，就必然会造成人力、物力、财力上的很大浪费，延长了解决问题的时间，同时还不能清楚地知道到底是什么原因在真正影响着问题。因此，要在诸多原因中，把真正影响着问题的原因找出来，以便对症下药，制定对策加以改进。

第一节　如何确定主要原因

一、要从末端原因中逐条进行识别、确认

因果图、树图、关联图中所展示的是原因的全貌，其中有的是末端原因，有的是中间环节。中间环节虽然影响着问题，但它还受其他原因的影响，而末端原因则只影响别人，这才是根本原因。因此，对问题造成影响的真正原因，必然在末端原因之中。所以，我们要找出并确定主要原因，首先要把全部末端原因收集起来，以便逐条识别、确认。

二、如何识别、确认主要原因

识别是否主要原因的唯一依据就是客观事实。而能够准确反

映客观事实的就是数据。为此，对收集来的全部末端原因，应逐条到现场进行确认，获取数据，以判定这些末端原因对问题的影响程度，如果影响程度大，就是主要原因，如果影响程度小，就不是主要原因。

此外，当末端原因认为是某因素的工艺标准制定不当时，对此原因的确认，应在其他因素不变的情况下进行对比试验，看其结果有无明显差异，来判定是否为主要原因，见表6-1中第6、8两条原因的确认。

要因确认通常有以下几种方法。

1．现场测量、测试

有许多原因，需到现场进行测量、测试取得数据，并与标准（要求）进行比较。如果取得的数据在标准的范围内，就可判定它不是影响问题的主要原因；如果取得的数据与标准要求有明显的差距，就可判定它确实是影响问题的主要原因，以此作为判别依据。

如：加工某产品尺寸超差的末端原因是“设备主轴跳动大”，确认时就要到现场去实测主轴跳动，测得主轴跳动为0.05mm，而标准要求是不大于0.01mm，说明设备主轴跳动，处于失控状态，就可判定为主要原因。

又如：砼强度低的末端原因是“砂子含泥量大”，确认时，就要到现场抽取砂子的样本，测定含泥量为3%，而标准要求含泥量不大于1%，说明砂子含泥量已失控，就能判定它是主要原因。

2．现场试验

有的末端原因是不能通过直接测量、测试得到的，而要通过试验才能得到作为证据的数据，这时就要到现场安排试验验证，取得数据，以便作出科学的判定。

如：轧钢厂轧制钢板，弯曲率达到30%，末端原因之一是“压下量大”，对工艺规定的压下量25mm是否过大呢？就需要进行现场的试验、验证，于是安排了试验计划，在其他因素不变的情况下，把压下量改为 20mm，试轧一批钢板，结果弯曲率为 8%，有明显好转，从而判定“压下量大”是主要原因。

3．现场调查

有的末端原因是属于人的原因类别，不能从现场测量或现场试验得到数据，但可从现场调查中，得到数据加以确认。

如：对“操作者未及时修整砂轮”这一原因，就可通过对现场操作进行随机抽查的方法进行调查确认。工艺规定每磨 10 个工件必须重新修整砂轮。在三天时间内随机抽查了 10 人次（包含不同班次的操作者）。调查结果：磨 10 个工件修整一次砂轮的 2 人次，磨 15 个修整一次砂轮的 2 人次，磨 20 个修整一次砂轮的 5 人次，磨 25 个修整一次砂轮的 1 人次，工艺执行率仅为 20%。因此，判定“操作者未及时修整砂轮”为主要原因。

由于末端原因较多，为使要因确认严密有序，更好地利用全体组员的力量来完成，可制订要因确认计划，格式可见表 6-1。

第二节　确定主要原因实例

某制药厂××QC 小组，为解决骨通贴膏废片率高的问题，通过现状调查，找出问题的症结是“膏面色泽不均匀”，并针对“膏面色泽不均匀”分析了原因。原因分析树图见 5-5。图 5-5 中共有 12 条末端因素，它们是：打胶过程温度测量不准确、冷却水水压低、水管有堵塞物、出水口温度高、打胶机叶片角度不当、辅料 3 投入时间不当、辅料 3 颗粒过大、打胶时间不够、辅料 1 含水量高、胶中有团块疙瘩、胶浆存放室温度高、操作人员培训不够。

为找出到底哪些条是真正影响问题的主要原因，小组制订了要因确认计划，见表 6-1，并按计划进行确认。

表 6-1

序号	末端原因	确认内容	确认方法	标 准	负责人	完成日期
1	打胶过程温度测量不准确	1#—12#全部12台打胶机上的温度计是否正确显示温度	用玻璃温度计直接插入胶浆测温与打胶机温度计显示温度对比	不超过5℃	杨××	2000年7月15日前
2	冷却水压低	测定冷却水水压值	按不同时间段多次测定	≥0.1mpa	戴×× 曾×	2000年7月5日前
3	冷却水管有堵塞物	水管有无堵塞	拆下水管逐个检查	无堵塞物	戴×× 曾×	2000年7月5日前
4	出水口温度高	出水口水温	按不同时间段多次测定	开启冷却水40分钟后，出水温度≤45℃	戴×× 邹××	2000年7月5日前
5	打胶机叶片角度不当	不同叶片角度是否影响胶浆温度	到现场进行试验，把叶片分别调成A1、A2、A3、A4四种角度，分别进行搅拌试验后，实测胶浆温度有无差异	温差超过4℃则认为有差异	邹××	2000年7月15日前
6	辅料3投入时间不当	不同时间投入是否影响胶浆质量	到现场把辅料3的投入时间 1．按工艺规定； 2．比工艺规定提前一小时投入，进行对比试验	1．观察胶浆搅拌均匀情况有无差异； 2．观察废片率有无差异	杨××	2000年7月12日前
7	辅料3颗粒过大	辅料3颗粒大小	投料现场抽查10批进行观察、测量	直径≤3cm	戴××	2000年7月18日前
8	打胶搅拌时间不够	加长打胶搅拌时间是否能改善胶浆质量，废片率明显减少	将造成废片率较高的胶浆再返工搅拌一次，即增加了一倍的搅拌时间，进行对比	废片率有无明显差异	蔡×× 王××	2000年6月底之前
9	辅料1含水量高	辅料1的含水量	1．检查当月辅料1的质量检验报告 2．抽测准备投料的辅料1含水量	含水量≤A%	刘××	2000年7月14日前

续表

序号	末端原因	确认内容	确认方法	标准	负责人	完成日期
10	胶中有团块疙瘩	有无团块疙瘩	现场抽查10批样本进行检查	无团块疙瘩	蔡××	2000年7月7日前
11	胶浆存放室温度高	存放室温度	不同时段实测存放室温度	20—25℃	蔡××	2000年7月14日前
12	操作人员培训不够	操作人员全体的培训情况	1. 查阅培训档案 2. 现场技能测试考核	合格率100%	陈×× 刘××	2000年7月4日前

确认一：打胶过程温度测量不准确。

公司工艺规程要求打胶工序全过程温度不得超过65℃（表温），并规定每隔0.5小时记录打胶机温度1次。此次质量问题出现正值夏季高温天气，打胶机温度上升较快，但我们查阅2000年7月3—7日生产记录，发现除1号、12号打胶机温度变化与高温天气相吻合外，其余机台温度升高不明显，基本未超过65℃，因此我们怀疑打胶机温度测定不准确，造成打胶温度失控。

确认方法：测温采用直接读打胶机温度计和用玻璃温度计插入胶浆两种方法测定，计算两种方法的误差，误差越大说明打胶机温度测定越不准确。确认结果见表6-2。

表6-2 　　　　**单位：℃**

机台 / 测量值	1#	2#	3#	4#	5#	6#	7#	8#	9#	10#	11#	12#
胶浆温度	74	77	78	79	78	77	80.5	80	79	76	78	80
表温	67	56	55	57	51	60	64	45	55	57	51	72
误差	7	21	23	22	27	17	15.5	35	24	19	27	8
结果	8#误差35℃最大，1#、12#误差7℃、8℃最小											

结论：温度测定不准确，致使打胶机温度失去控制，是主要原因。

确认二：冷却水压低。

确认方法：2000 年 7 月 4 日分半夜 0 点、上午 9 点、中午 12 点、下午 18 点四个时间段测定水的压力，结果见表 6-3。

表 6-3

测量时间	0:00	9:00	12:00	18:00
现场实测值	0.3	0.06	0.06	0.02
工艺要求值	≥0.1mpa			
结 论	水压太低，无法满足工艺要求			

结论：冷却水压低，是主要原因。

确认三：冷却水管有堵塞物。

确认方法：现场拆下水管检查。拆下打胶机夹层进水管及出水管时，发现管内有水垢沉积，管径缩小，见图 6-1。

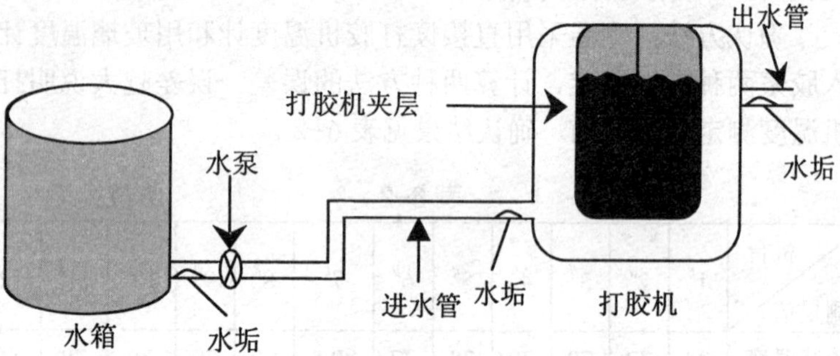

图 6-1

结论：冷却水管有堵塞物，是主要原因。

确认四：出水口温度高。

确认方法：测试打胶机开启冷却水 0、20、40、60 分钟时出水口温度。结果见表 6-4。

表 6-4

机台 测量值	1#	2#	3#	4#	5#	6#	7#	8#	9#	10#	11#	12#
0 分钟	73	70	72	69	70	72	71	71	72	71	73	72
20 分钟	63	62	65	63	64	64	62	61	63	61	65	64
40 分钟	58	55	56	56	55	57	58	57	55	54	58	56
60 分钟	56	56	65	56	55	56	56	55	54	54	58	57
	出水温度偏高（工艺要求 40 分钟后出水温度≤45℃）											

结论：出水口温度高，是主要原因。

确认五：打胶机叶片角度不当。

首先从理论上讨论分析：打胶机固定叶片角度可以调整，叶片角度不同造成胶浆及原料对叶片转动的阻力不同，由此阻力产生的摩擦热也不同。理论上叶片角度越大，摩擦产热越多，温度越易升高。故打胶机叶片角度可对打胶机温度造成影响。

确认方法：在现有工艺条件下，用 12 号打胶机生产骨通贴膏，设定固定叶片角度为 A_1、A_2、A_3、A_4 四种状态，分别在加入辅料 1 后再搅拌 2 小时测定胶浆温度。检查打胶机叶片角度与打胶机温度的关系，结果见表 6-5。

表 6-5

时间	7 月 11 日	7 月 12 日	7 月 13 日	7 月 14 日
叶片角度	A_1	A_2	A_3	A_4
胶浆温度	56℃	60℃	64℃	66℃

结论：打胶机叶片角度不当可造成打胶机温度过高，是主要原因。

确认六：辅料 3 投入时间不当。

首先从理论上讨论分析：胶浆中加入辅料 1 作填充剂，加入辅料 3 作增黏剂，在制浆时两者又会发生中和反应，以降低对皮肤的刺激性。两者中和反应需要一定的温度，制浆时先加入辅料 1 与橡胶摩擦以迅速升温。但辅料 3 软化点较低，温度过高易软化黏结成团，有碍辅料 1 与辅料 3 中和反应及胶浆混合均匀。所以辅料 1 加入搅拌多长时间后加入辅料 3，对两者能否很好地进行中和反应及两者能否混合均匀都有影响。

确认方法：按现行工艺投料和比现行工艺提前 1 小时投料作对比试验，结果见表 6-6。

表 6-6

项目 \ 试验		试验 1	试验 2
试验时间		2000 年 7 月 10 日	2000 年 7 月 11 日
试验品批号		000712	000714
操作室温度		39.5℃	39.0℃
试验过程	辅料 3 投入时间	按现行生产工艺	比现行生产工艺提前 1 小时加入
	加辅料 3 前打胶机温度	67℃	54℃
	辅料 3 加入搅拌 0.5 小时后观察	有大量辅料 3 黏结附着在打胶机内壁	未观察到辅料 3 黏结附着在打胶机内壁的现象，仅有少量辅料 3 下沉在底部
废片率		12.1%	7.8%

结论：辅料 3 投入时间不当是主要原因。

确认七：辅料 3 颗粒大。

公司工艺标准要求用于投料的辅料 3 应破碎成直径小于 3cm 的颗粒，投料现场抽查 10 批，结果见表 6-7。

表 6-7

序 号	1	2	3	4	5	6	7	8	9	10
有无辅料 3 颗粒过大情况	无	无	无	无	无	无	无	无	无	无
均符合工艺标准要求										

结论：辅料 3 颗粒大小符合工艺要求，辅料 3 颗粒过大不是主要原因。

确认八：打胶搅拌时间不够。

确认方法：对出现质量问题的胶浆，我们采取了投入打胶机重新搅拌的返工措施。返工后观察下道工序即涂胶工序涂布后膏面色泽是否均匀，并统计返工产品废片率。操作人员及现场调查人员跟踪观察后一致认为返工后产品的膏面色泽基本上一致，与返工前产品相比有明显改进，且废片率也明显下降。抽查 5 批返工产品，统计结果见表 6-8。

表 6-8

批号	000604	000605	000606	000608	000609
返工前废片率	10.0‰	10.3‰	10.1‰	12.4‰	10.3‰
返工后废片率	3.2‰	3.1‰	3.5‰	3.1‰	3.1‰

结论：延长打胶搅拌时间后膏面色泽不均匀现象改善，产品废片率也随之降低。打胶搅拌时间不够是主要原因。

确认九：辅料 1 含水量高。

公司原料质量标准要求对 21 种中药材原料及吸湿性大的辅料（辅料 1）做含水量测定，含水量超标不得投料。我们检查了问题出现后当月原料的质量检验报告，水分含量测定全部合格。此外，在现场对即将投入的辅料 1 抽测 3 批次，结果水分含量均低于标准 A%。

结论：原料含水量全部达标，原料含水过多不是主要原因。

确认十：胶中有团块疙瘩。

公司工艺标准要求橡胶应用塑胶机塑炼成网状或极薄的片状，塑胶过程及时挑选出团块状疙瘩重新塑炼。现场抽查待投料的10批橡胶，检查塑胶质量，结果见表6-9。

表6-9

序号	1	2	3	4	5	6	7	8	9	10
塑胶质量	网状无团块疙瘩	网状无团块疙瘩	网状无团块疙瘩	网状无团块疙瘩	网状无团块疙瘩	网状无团块疙瘩	网状无团块疙瘩	网状无团块疙瘩	网状无团块疙瘩	网状无团块疙瘩

结论：抽查10批全部符合工艺要求，塑胶质量差不是主要原因。

确认十一：胶浆存放室温度高。

确认方法：7月12日0:00、6:00、10:00、14:00、18:00五次到胶浆存放室实测室温：最高24℃，最低21.5℃，平均23℃，符合20—25℃的标准要求。

结论：胶浆存放室温度高，不是主要原因。

确认十二：操作人员培训不够。

1. 公司规定，操作人员岗位技术培训需达到250课时，并经考试合格后方可正式上岗。我们查阅关键工序——胶浆制备工序操作人员教育培训档案，统计他们接受岗位技术培训的时间及考试成绩，见表6-10。

表6-10

姓名	培训时间	培训课时	考试成绩（分）
周林	1989年8月，1998年8月	250，160	89，90
张建生	1985年8月，1998年8月	250，160	78，85

续表

姓名	培训时间	培训课时	考试成绩（分）
冶伟	1994年8月，1998年8月	250，160	85，88
熊涛	1985年8月，1998年8月	250，160	83，98
王军	1994年8月，1998年8月	250，160	89，98
周永	1989年8月，1998年8月	250，160	89，81
梁国梁	1989年8月，1998年8月	250，160	87，87
方平	1985年8月，1998年8月	250，160	90，91
吴新	1985年8月，1998年8月	250，160	88，93
胡玉	1985年8月，1998年8月	250，160	78，76
注：1998年8月起胶浆制备工序搬至东城分公司操作，因更换设备，全体操作人员全部重新培训			

2. 2000年7月7日对胶浆制备工序全体操作人员进行技能测试考核，结果见表6-11。

表6-11

参考人数	不合格人数	合格人数	优秀人数	合格率（%）
10	0	7	3	100%

结论：全体操作人员岗位培训及操作技能测试合格，操作人员技术培训不够不是主要原因。

通过以上逐条确认，找出了影响“膏面色泽不均匀”的主要原因是：

1. 打胶过程温度测量不准确
2. 冷却水压低
3. 冷却水管有堵塞物
4. 出水口温度高
5. 打胶机叶片角度不当
6. 辅料3投入时间不当
7. 打胶搅拌时间不够

从该实例中，可看出针对所有的末端原因，逐条到现场通过调查、测量或现场试验，取得数据，与标准进行比较来识别、判定，这样确认出的主要原因，证据确凿，理由充分，因此是科学的，就可以对症下药地制定对策，进行改进。同时由于确认做得具体，必然会给正确制订对策打下良好的基础。

第三节　确定主要原因的不正确方法

目前有不少小组，由于对用客观事实——数据来作证据，进行识别的认识不够或还不善于用数据说话，而应用一些不正确的方法来判定主要原因，从而使所确定的主要原因证据不足，而有的主要原因却被漏掉，在制定对策进行改进后，成效不大或对取得的效果不能很好巩固。

确定主要原因的不正确方法通常有以下几种：

一、以“少数服从多数”的方法确定要因

集中多数人的意见或举手表决，都是建立在个人对事物的固有印象或经验的基础之上，因此可能判定对，也可能判定错。大多数人都这么认为或参加判定的人经验都很丰富，只是说明你判对的可能性更大一些而已，但并不能代表客观的事实。因此，用这种方法判别主要原因是错误的。

二、采用“0、1 打分法”确定要因

“0、1 打分法”是把所有末端原因收集以后，由小组成员每人对所有末端原因逐一表态，认为“是”就画“1”，“不是”就画“0”，在所有成员均表态后统计得分，得分多的就作为主要原因，得分少的就不作为主要原因。

由于“0、1 打分法”是小组成员每个人的主观认定，而不是客观事实，其性质与举手表决完全相同。该方法若用于选择课题，则说明所选定的课题是大多数小组成员都愿意做的，肯定能更好地调动小组成员的积极性，无疑是一种很好的方法。但该方法用于确定主要原因，则是错误的。

三、用分析论证的方法确定要因

所谓分析论证，就是对末端原因通过理论分析或经验分析来判定。其实例见表 6-12。

表 6-12

末端原因	分析论证	是否要因
设备主轴间隙大	该设备已投产运转了 11 年，轴承磨损必然严重	是要因
人工上料误差大	繁重枯燥的上料工作很容易消磨工人的责任心，造成配料误差大	是要因
船员有章不循	年轻船员多，只顾经济效益，多载客，安全法制观念差	是要因

表 6-12 中三条末端原因的确认，看似很有道理，实则经不起深究。如对“设备主轴间隙大”这条末端原因的分析论证，设备经过 11 年运行，轴承到底磨损多少，间隙到什么程度才算间隙大，实际间隙到底有多大，仍然不清楚。“人工上料误差大”“船员有章不循”两条末端原因的确认同样如此。这种从理论上、技术上、经验上的分析，它不反映客观的事实，因此也是一种主观认定的错误判别方法。

四、以“是否容易解决”为原则确定要因

此种案例见表 6-13。

表 6-13

末端原因	确认情况	是否要因
面漆质量差	与材料部门把好进料关，可解决面漆质量差的问题	否
皮管漏风	小组成员只需用 10 分钟就可将皮管接好	否
操作不熟练	只要稍加训练，现场人员就能熟练操作	否
操作者有不执行工艺现象	只要加大经济责任制的考核力度就能解决	否

在表 6-13 中，对列举的四条末端原因，未用事实证明其是否存在，如对“面漆质量差”进行确认，就应该到现场抽取面漆的样本，进行各方面的检查，取得数据，与面漆应达到的质量要求进行比较，以便回答面漆质量是好（合格）还是差（不合格）。但案例中的确认却是没有回答面漆质量是好还是差，而“答非所问”地确认为“与材料部门把好进料关，可解决面漆质量差的问题”，在没有弄清面漆质量的情况下，因为问题“容易”解决就莫名其妙地把这条原因“否”掉了，显然用这样的方法来确定主要原因，是错误的。

第四节 小结

1. 要从所有末端原因中逐一确认、识别。不要主观地挑出几条来进行确认，因为这样会把真正的主要原因漏掉。

2. 确定主要原因的确认程序一般是：

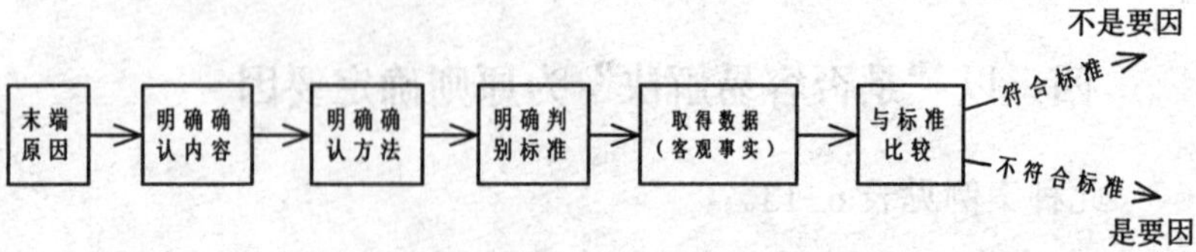

3. 在末端原因较多的情况下，为使确认做得严密有序，常为此制订确认计划，然后按计划分工实施，逐条确认。

4. 不要用主观认定的方法确定主要原因。常见的主观认定的方法有：

绝大多数人的意见；

举手表决；

“0、1 打分法”、加权评分法或其他矩阵图分析法；

理论、经验上的分析论证以及看其“是否容易解决”为原则来确定要因等。

第七章　制定对策

制定对策就是对已经确认的主要原因，逐条提出改进的措施计划。

第一节　对策的提出与确定

一、对策的提出

针对每一条主要原因，必然会有各种各样的解决方法，就方案的实效而言，有的方案是临时性的解决办法，有的是永久性的改进方案；就方案的解决时间而言，有的方案解决起来需要花费很长时间，有的则短期即可见效；就方案的解决过程而言，有的方案小组自身无法实施，要靠上级决策或其他部门去做才能实现，有的是小组自身的努力就可实现；就方案的需用资金而言，有的方案需花费很多资金，有的则花费很少资金，本小组即可筹措解决。

为此，制定对策的首要问题，就是要针对每一条主要原因，提出尽可能多的对策，以供选择确定。常用的方法是“头脑风暴法”，让小组全体成员根据其相应知识、有关经验及各种信息，互相启发、补充，提出各种各样的对策方案。

例：某服装店 QC 小组选择了“提高营业额”的课题后，分析并找出影响营业额低的主要原因之一是“服装款式陈旧”，适销率仅为 45%，很多服装积压，资金周转速度慢。针对“服装款式陈旧”运用头脑风暴法，发动小组成员献计献策，经整理共提出四种对策（方案），见表 7-1。

表 7-1

要　因	对策序号	对 策 内 容
服装款式陈旧	1	与时装公司联合走代销的方式
	2	出租柜台做“新款式”招商
	3	调整供货渠道，重新选择供方
	4	改变经营结构，变成“妇女时装精品店”

二、评价和选择对策

QC小组成员针对每一条主要原因，充分提出各种对策（方案）之后，就需要对每种对策（方案）进行综合评价，进而相互比较，选出最令人满意的对策，作为准备实施的对策。

对每一对策（方案）进行综合评价，可从有效性、可实施性、经济性、可靠性、时间性等方面进行评价，评价内容参见表 7-2。

表 7-2

序号	评价值表示 / 评价内容	◎	○	△
1	有效性	预计很有效	会有一定效果	把握不大，要试着看
2	可实施性	本小组能自行实施	需其他部门协助	难度大，需外单位合作
3	经济性	费用低	需要一定费用，但尚能承担、筹措	费用很高，很难承担
4	可靠性	彻底改造	较彻底改造	临时措施，以后还会再发生
5	时间性	时间很短，1个月以内	时间在 0.5—3个月	时间在 3 个月以上

评价得分最高者，即可作为最佳对策（方案）。常见的对策评价、选择表见表 7-3。

表 7-3　对策评价选择表

序号	要因	对策	评价 有效性	可实施性	经济性	可靠性	综合得分	选定方案
1	要因 1	1. ……	◎	△	△	◎	12	
		2. ……	○	◎	◎	○	16	★
		3. ……	○	○	○	△	10	
2	要因 2	1. ……	○	◎	○	○	14	★
		2. ……	○	△	○	△	8	
3	要因 3	1. ……						
		2. ……						

注：　◎5 分　○3 分　△1 分

接上例：服装店 QC 小组对“服装款式陈旧”的要因所提出的四个方案进行评价和选择，见表 7-4。

表 7-4　对策的评估、选择

要因	对策方案	评估 有效性	可实施性	经济性	可靠性	综合得分	选定方案
服装款式陈旧	1. 联营走代销方式	◎	△	○	△	10	不选
	2. 新款式“招商”	◎	△	○	◎	14	次选
	3. 调整供货渠道，重新选择供方	○	◎	◎	○	16	首选
	4. 变为“妇女时装精品店”	○	△	△	○	8	不选

注：　◎5 分　○3 分　△1 分

评估结论：“新款式招商”方案，综合评分为14分。

“调整供货渠道,重新选择供方”综合评分为16分。

以上两个方案得分接近，均可行。于是小组对这两个方案进行再一次的分析、研究。

“新款式招商”小组不能自行决定，而必须由店领导决策批准，而且实施时，应该是先开放个别柜台试行，看其效果，然后才能全面展开，见效时间必然较长。为此只能作为建议向领导提出。

“调整供货渠道，重新选择供方”是可以通过小组努力，能够实施的对策，因此选定“调整供货渠道，重新选择供方”作为“服装款式陈旧”的对策。

第二节　制订对策计划

一、策划实现对策（方案）的措施

对策（方案）确定之后，如何去实现这个对策，采用哪些具体措施才能达到对策的要求，是在制订对策计划时，必须要考虑到的问题。我们应该重视措施的研究，以追求对策的效果。因此，必须在制订对策计划时就应认真策划实现对策的措施，以使制订的对策计划能更好地去指导实施。

仍以上例“调整供货渠道，重新选择供方”的对策（方案）为例，小组在策划实现（对策）方案的措施时，对上个月的服装销售情况，应用了“二维分析法”，以销售量和利润为考虑基点，来选择应淘汰的商品及应开发的商品，见图7-1。

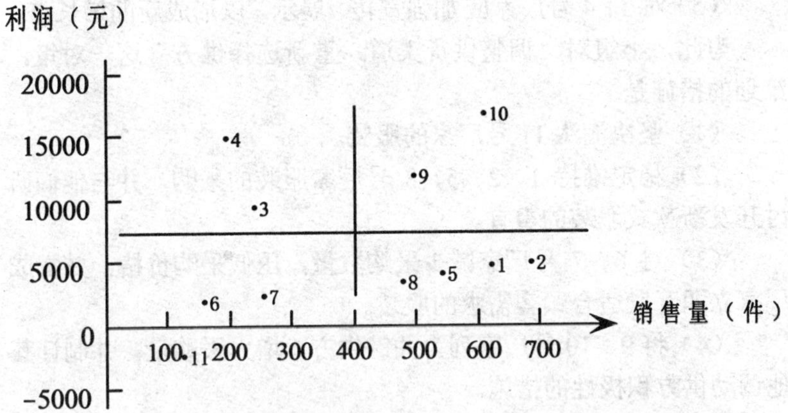

图 7-1　销售量、利润二维分析图

图7-1中，每一个点代表一个厂家的服装，共 11 个厂家供货。

其中：1、2、5、8 号厂家属于销售量大、利润低的服装；

6、7 号厂家属于销售量小、利润低的服装；

3、4 号厂家属于销售量小、利润高的服装；

9、10 号厂家属于销售量大、利润高的服装；

11 号厂家属于销售量低、需降价销售并出现亏损的服装。

对 11 个厂家进行评估、分析：

（1）11 号厂家的服装必须淘汰，否则必然积压服装，引起亏损。

（2）1、2、5、8 号厂家，款式已开始陈旧，但其价格顾客尚能接受，因此销量好，应维持原采购计划，以保护商店现有的市场。但需责成供方开发使顾客更满意的服装款式。

（3）6、7 号厂家，说明服装款式已经陈旧，价格已不能为顾客所接受，要压低采购价格，减少采购数量，并责成供方立即开发使顾客满意的服装款式。

（4）对 9、10 号厂家要大力发展，成为关键供方。

（5）对3、4号厂家应加强宣传、展示，以形成新的增长点。

为此，小组对“调整供货渠道，重新选择供方”这一对策，策划的措施是：

（1）坚决淘汰11号厂家的服装。

（2）稳定维持1、2、5、8号厂家服装的采购，并与他们研讨开发新款式服装的事宜。

（3）对6、7号厂家减少采购数量，压低采购价格，并责成厂家立即开发适合顾客需求的服装。

（4）将9、10号厂家列为关键供方，增大采购量，并制订其他调动供方积极性的措施。

（5）将3、4号厂家的服装在橱窗及售货点扩大展示、宣传。

二、设定对策的目标

被确定的主要原因，是因为这条末端原因（因素）的现状已超出了标准的规格范围，制定对策就是要使该原因（因素）通过改进，回到规格范围以内。因此，我们要对每条对策设定“目标”，而且在一般情况下，应以确定主要原因时的判别标准，作为制定对策时的“目标”。

针对这条主要原因，通过所制定对策的实施，确认这条主要原因是否已得到改进，就是要把对策实施的结果与该对策设定的目标进行比较。如果达到了对策的目标，就说明这条主要原因已经得到解决，回到标准要求的规格范围以内。为此：

（1）制定对策计划必须要设定对策的目标；

（2）设定对策的目标，必须满足该主要原因的判别标准，甚至高于判别标准；

（3）该目标是一个尽可能量化或能够检查的目标。

仍以上例为例：针对“服装款式陈旧”的主要原因，在要因确认时是以“适销率”作为确认内容的。经统计，适销率仅为45%，造成服装积压，资金周转慢。若适销率在 80%以上，则服装积压减少，资金周转速度加快。因此，小组就以适销率达到 80%以上作为针对这条要因所制定对策应达到的目标。

三、制定对策表

针对每条要因，确定了对策（方案），策划了方案实施的措施，设定了要达到的目标，就可以制定对策表了。

1．对策表要按照 5W1H 原则来制定

QC 小组活动中的对策表，是对所有影响问题的主要原因进行的对策计划，该计划必须能够指导实施，也就是说，负责执行计划的小组成员，按对策表的要求就可以明确如何去实施操作。要做到这点，就应按 5W1H 的原则来制定对策表。

QC 小组活动按 5W1H 原则制定的对策表，其含义是这样的：

What　对策——针对主要原因制定的对策

Why　目标——对策应达到的目标

Who　负责人——谁负责做

Where　地点——在哪儿做

When　时间——何时完成

How　措施——实现对策的具体做法

2．对策表的格式

对策表的具体格式见表 7-5。

表 7-5　对策表

序号	主要原因	对策 What	目标 Why	措施 How	负责人 Who	地点 Where	完成日期 When

四、制定对策实例

还用上例，针对“服装款式陈旧”的要因，小组制定对策表，见表 7-6。

表 7-6

序号	要因	对策	目标	措施	负责人	地点	完成日期
1	……	……	……	……	……	……	……
2	服装款式陈旧	调整供货渠道，重新选择供方	适销率80%以上	1. 淘汰第11号厂家服装	陈晨	供方厂	2002年6月20日
				2. 稳定1、2、5、8号厂家的采购，并责成新款服装的开发	杨洋	供方厂	2002年6月20日
				3. 将9、10号厂家列为关键供方，增强和供方的关系，增大采购量	方芳	供方厂	2002年6月30日
				4. 6、7号厂减少采购量，压低采购价，责成立即开发新款服装	袁园	供方厂	2002年6月30日
				5. 将3、4号厂家服装在橱窗及购货现场扩大展示及宣传	李莉	本店	2002年6月30日

第三节 制定对策表常见的问题

一、“对策”和“措施”混在一起

一些小组在制定对策表时，分不清对策和措施的区别，而是把“对策”和“措施”合在一个栏目中，见表 7-7。

表 7-7 对策表

序号	要因	对策措施	目标	负责人	完成日期
1	人员培训少	加大职工培训力度，鼓励职工自学成才	理论水平及操作技能考试合格	×××	×××
2	排气压力高	研究降低排气压力的措施	降低排气压力	×××	×××

从表 7-7 中我们可以看出，这样的“对策措施”，对策不确切，措施不具体，因此，无法用对策表去指导下一步的实施。

二、“目标”栏中没有定量的目标值

有许多对策表的“目标”栏中只有定性的内容，没有定量的目标值，见表 7-8。

表 7-8 对策表

序号	要因	对策	目标	措施	地点	负责人	完成日期
1	电源控制阀易损坏	进行改进	避免损坏	(1) 加装套接零(地)保护 (2) 加装塑胶套管 (3) 把电源电缆线固定	现场	王× 苏××	4月

续表

序号	要因	对策	目标	措施	地点	负责人	完成日期
2	未按标准作业	进行质量管理与技能的培训工作	提高职工的素质和处理故障的能力	有计划地进行培训，加强故障排查练习，加强岗位考核力度	班组	苏××	9月
3	设计有缺陷	对设计有缺陷的部分进行改进	使设备达到工作稳定可靠，减少故障检修率	对液压铆钉机进行改造 (1)制作导轨 (2)铆钉头改制 (3)升降油缸缸盖导向改制	现场	王× 张× 王××	9月

从表7-8可以看出，三条对策均没有定量的目标值，使人无法得知改进后要达到什么标准，才能解决主要原因，这样的对策表同样不能正确指导实施。

三、在对策表中使用抽象的词语

在表7-7、表7-8的两张对策表中，都用了“加强”“提高”“减少”“争取”“尽量”“随时”等抽象词语。这些抽象的语句、含糊的要求，不符合“小、实、活、新，以实为主”的精神，无法指导实施。因此我们在制定对策表时，一定要做到目标明确，措施具体，特别是在“目标”栏和“措施”栏中应杜绝这些抽象的词语。

四、不是针对每一条要因逐条制定对策

有少数小组在制定对策时，不是针对每一条要因逐条制定对策，而是把确定的要因又进行了归纳，又按“人”“机”“料”“法”等类别归纳到一起，统一制定对策。这样做，要因与对策脱节，给解决问题的思路及逻辑性上造成中断或混乱，因此，这类对策表也必须予以纠正。

第四节　小结

一、关于对策（方案）的制定

1．针对确定的每一条主要原因，要发动小组成员广开思路，集思广益，提出多种改进的对策（方案）以供选择。

2．对每一条主要原因提出的可供选择的多种对策（方案），可从有效性、可实施性、经济性、可靠性等方面进行分析、评估，选择综合评分最高者作为采用的对策。

二、关于对策表

1．要按照5W1H的原则来制定对策表。

2．针对确定的对策（方案），要研究、策划实现该对策的具体措施或手段，以使对策表能更好地去指导下一阶段的实施。

3．对策表中的“目标”栏，要尽可能用定量的目标值来表述。只有定量的目标，在按对策实施后，才能立即进行对比，确认其结果，是否达到改进的要求。如果目标值不能量化，要制定出可以检查的目标。

4．为使对策表能更好地指导实施，应杜绝使用“加强”“提高”“减少”“争取”“尽量”“随时”等抽象词语。

第八章 按对策实施

第一节 怎样实施对策

一、按“对策表”的要求逐一实施

由于所确定的主要原因的性质是各不相同的，而每条对策都是针对不同的主要原因制订的改进方案，通过改进方案的实施，使所针对的要因达到受控状态，因此，必须一个对策、一个对策地实施，以显示其针对性和逻辑性。如果不是针对性的一个对策、一个对策地实施，就会使对策与实施脱节，造成逻辑上的混乱。

二、每条对策的实施，要按照对策表中的“措施”栏目逐条实施

在制定对策时，针对确定的最佳对策（方案），策划了为实现该对策（方案）的具体措施。因此，每条对策的实施过程，就是这些具体措施的落实过程。这些具体措施都落实了，该改进对策才能实现。

此外，在实施过程中，是如何具体进行的，遇到了什么困难，努力克服的情况，要做好活动记录，以便为最后整理成果报告时提供依据。

三、每条对策在实施完成后要立即确认其结果

在每条对策实施完成之后，应立即收集改进后的数据，与对策表中每条对策应达到的目标进行比较，以明确对策的有效性。

如果已达到目标的要求，说明此项改进对策已有效地改变了该要因的现状，使其达到受控状态，从而不会再对问题造成影响，这时该对策才可以说已经实施完毕。

每条对策实施完成后，立即确认其结果十分重要，目前有许多成果，没有逐条确认对策结果，而是到效果检查阶段，直接检查课题的总效果，如果达到了课题的设定目标，则皆大欢喜。如果没有达到课题的设定目标，须重新检查活动的各个阶段是何处出现问题时，到底是原来确定的主要原因尚未得到很好解决呢？还是有其他主要原因在分析原因时就没有分析出来？从而增加了查找问题的难度。

四、如果确认没有达到对策表中所定的目标时，要评价措施的有效性，必要时要修正所采取的措施

当对策（方案）在实施后进行确认时，没有达到预定的要求，说明制定的措施不得力，使该要因尚未达到理想状态，就必须重新检查每条措施是否已彻底实施，为达到目标要求，必要时要修正措施的内容。

例：精密测量站 QC 小组对“精测误差大”的问题分析原因，并确定主要原因之一是“精测站温差大”。为此，小组成员制定了对策表见表 8-1。

表 8-1

序号	要因	对策	目标	措施	地点	负责人	完成日期
1	精测站温差大	恒温处理	20° ±2℃	安装柜式空调机 1 台	精测站	××	2000 年 6月30日

小组按对策表要求实施完毕，空调机运行后，即刻收集精测

站室内温度数据，当时正值夏季高温季节，测得数据见表 8-2。

表 8-2

时间	午夜 0 点	上午 6 点	上午 10 点	下午 2 点	下午 6 点
实测温度	20℃	21℃	23℃	25.5℃	24.5℃

数据表明有一定效果，但仍没有达到 20° ±2℃的目标要求。于是小组调整了对策计划表，增加了安装“双层玻璃窗”和“室内套间密封门”两条措施，修正后的对策表见表 8-3。

表 8-3

序号	要因	对策	目标	措施	地点	负责人	完成日期
1	精测站温差大	恒温处理	20° ±2℃	(1)安装柜式空调机 1 台 (2)安装双层玻璃窗 (3)室内套间装密封门	精测站	××	2000 年 7月15日

实施后，再收集数据见表 8-4。

表 8-4

时间	午夜 0 点	上午 6 点	上午 10 点	下午 2 点	下午 6 点
实测温度	19.5℃	20℃	21℃	22℃	21.5℃

数据表明，增加了两项措施后，达到了目标要求，从而使该因素处于受控状态。

五、每条对策实施后，除确认该条对策的目标外，还需对是否影响安全及环境、是否影响相关处的质量等方面进行检查

如果说，每项对策实施后，都满足了预期对策目标，但却给上述情况带来负面作用，就应该重新评价该条对策的综合结果，决定其是否需要追加措施予以弥补，还是需要重新考虑更恰当的对策。

第二节　对策与实施过程常用的方法

QC 小组活动进入对策与实施的阶段。就是对所存在的问题进入实质性的改进阶段。这个阶段很大程度是发挥专业技术的特长，按对策计划去实施改进。但在很多情况下，仍需借助于统计技术，使专业技术得到更好的发挥，起到事半功倍的效果。下面介绍几种恰当应用统计工具的案例，供大家参考。

一、过程决策程序图法（PDPC 法）

什么叫“过程决策程序图法”呢？

> 过程决策程序图法（PDPC）是从运筹学中移植过来的一种方法。它是为了完成某个任务或达到某个目标，在制订行动计划或进行方案设计时，预测可能出现的障碍和结果，并相应地提出多种应变计划的一种方法。这样在计划执行过程中遇到不利情况时，仍能按第二、第三或其他计划方案进行，以便达到预定的计划目标。

通俗地讲，就是“多做几手准备”，把事先想到的可能发生的困难，安排预案性措施的一种方法。

案例：某公司 WZ－168 型设备急修 QC 小组，课题目标是 7 日内抢修完毕，不影响月度生产计划的完成。

QC 小组分析了各种有可能发生影响任务完成的情况，为了不影响“7 日内抢修完毕”这个目标，多做几手准备，在实施过程开始前，绘制了“过程决策程序图”指导这次急修活动，使用从 A_0→Z 的设计方案，见图 8-1。

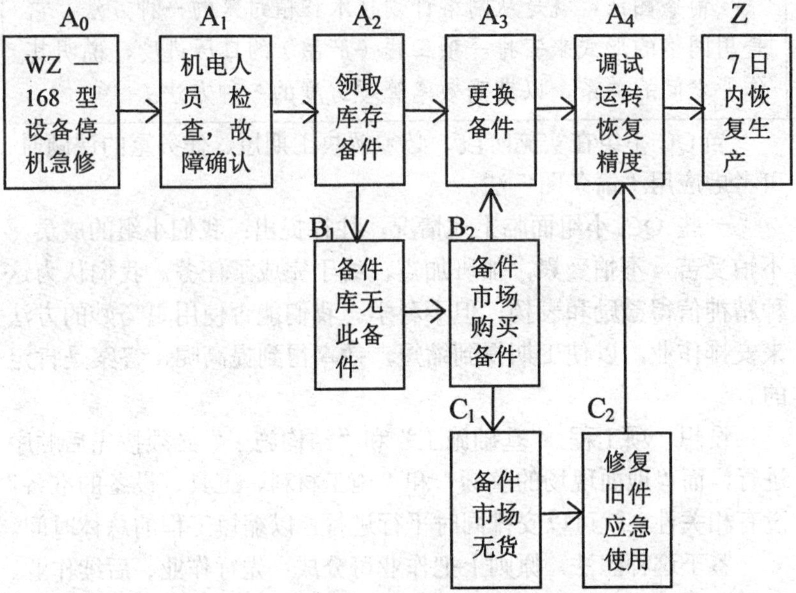

图 8-1 “急修”过程决策程序图

从图 8-1 中可看出从 A_0→Z 考虑到急修过程中可能出现的问题预先设计了三条路线。即：

第一条路线：$A_0 \rightarrow A_1 \rightarrow A_2 \rightarrow A_3 \rightarrow A_4 \rightarrow Z$

第二条路线：$A_0 \rightarrow A_1 \rightarrow A_2 \rightarrow B_1 \rightarrow B_2 \rightarrow A_3 \rightarrow A_4 \rightarrow Z$

第三条路线：$A_0 \rightarrow A_1 \rightarrow A_2 \rightarrow B_1 \rightarrow B_2 \rightarrow C_1 \rightarrow C_2 \rightarrow A_4 \rightarrow Z$

最理想的路线→第一条路线；

当备件库无此备件时→第二条路线；

当备件市场无货时→第三条路线。

事先考虑可能产生的问题，设计、策划多条路线，就可在实施过程中遇到问题时能从容应对，以便万无一失地达到预定目的。

二、箭条图法

箭条图法，就是从网络计划技术移植过来的一种方法，它是用网络的形式来安排一项工程（产品）的日历进度，说明其作业之间的关系，以期高效率管理进度的一种方法。

当QC小组在实施阶段，必须解决工期短、任务重的课题时，可考虑应用“箭条图”法。

一些QC小组面临上述情况，往往提出：我们小组的成员，不怕受苦，不怕受累，加班加点，终于完成了任务。我们认为这种精神值得鼓励和表扬，但不科学。我们能否使用更巧妙的方法来安排作业，以使工期得到缩短，效率得到提高呢，答案是肯定的。

设想一项工程，“基础施工”和“结构施工”必须按先后顺序进行，而“地面现场的整顿”和“施工材料、工具、设备的准备”没有相关性，就可以安排同时平行进行，以缩短工程的总体时间。

鉴于这种想法，原则上把作业可分成：先行作业、后续作业、平行作业、交叉作业四种方式。在保证质量的前提下，尽最大可能地安排平行作业和交叉作业，就能做到缩短工期和提高效率。

实际上做任何事情，都可以采用这种方式。如星期日上午洗衣服、包饺子、还有一集吸引人的电视连续剧，如果三件事分开干，就要用近三个小时的时间，但如进行巧妙的安排，会省时高效。首先，可以准备好包饺子的原料，菜洗干净、切碎，肉馅煨上作料，然后打开洗衣机，再一面看电视，一面包饺子。三件事情同时进行共用了一个小时，一样也没耽误。其实这就是最大限度地应用平行作业的方法，可以达到最佳效果。

下面举一个 QC 小组使用箭条图法的案例供大家参考：

案例：某装修 QC 小组根据用户要求，必须在两周内完成，小组为满足用户要求，在装修过程中最大限度地平行、交叉作业。为此，他们事先设计了装修作业箭条图，并严格按此计划衔接施工，终于如期完成了装修任务。“装修作业”箭条图见图 8-2。

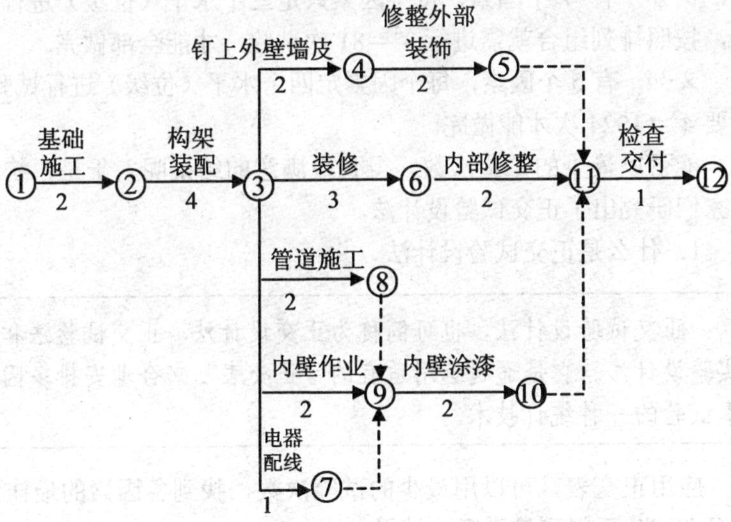

图中：节点①、②、③……表示作业的起始和终点；

→ 表示作业箭头上方文字，表示作业内容，箭头下方数字表示时间（天数）。

--→ 表示虚作业。只表示作业间的相互关系。

图 8-2 装修作业箭条图

三、正交试验设计法

在 QC 小组活动过程中（在新产品开发、科学实验、质量改进中），要找到最合适的生产条件、最佳的生产配方和最优的工艺参数，以取得最好的效果，必然要经过多次试验进行分析、比较，以取得最好的效果。

如果需要优选的因素是一个，则可应用“黄金分割法”，做很少几次试验就能优选出最佳方案。如果需优选的因素是多个，而每个因素又要拿出多个水平（位级）来进行对比试验，则试验的次数就会猛增。

例如：有 4 个因素，每个因素只定三个水平（位级）进行试验，按照排列组合就需进行 $3^4=81$ 次试验，才能全部做完。

又如：有 5 个因素，每个因素定四个水平（位级）进行试验，则要 $4^5=1024$ 次才能做完。

能否以最少的试验次数，得到最满意的结果呢？于是，统计学家们研究出了正交试验设计法。

1．什么是正交试验设计法

> 正交试验设计法，也可简称为正交设计法、正交试验法和实验设计法。它是通过选用适宜的“正交表”来合理安排多因素试验的一种统计技术。

应用正交表，可以用最少的试验次数，找到各因素的最佳条件组合，从而得到最满意的结果。

2．正交表

> 正交表是安排正交试验时需用到的已经设计好的标准化的表格，它是正交试验设计法的基本工具。

正交表的格式，以 L_9（3^4）正交表为例，见表 8-5。

表 8-5　$L_9(3^4)$ 正交表

试验号＼列号	1	2	3	4	试验结果
1	1	1	3	2	
2	2	1	1	1	
3	3	1	2	3	
4	1	2	2	1	
5	2	2	3	3	
6	3	2	1	2	
7	1	3	1	3	
8	2	3	2	2	
9	3	3	3	1	

$L_9(3^4)$ 正交表中：

L——表示正交表的代号；

9——表示要进行试验的次数（即表中的行数）；

4——表示可安排试验的因素数（即表中的列数）；

3——表示每个因素可安排的位级数（即表中字码的种数）。

安排任何一项试验，首先要明确试验的目的，要解决什么问题？用什么指标来衡量、考核试验结果？对试验指标有影响的因素有几个？把这些因素选择在哪几个位级（水平）上来做试验，才能得到满意的结果？

下面通过一个实例来说明正交试验是如何一步一步地进行的。

案例：某轧钢厂轧制不锈钢坯，由于工艺参数不匹配，使废品指标大大高于考核指标，其中首要问题是弯曲造成的废品，为此，要借助正交试验设计，找出工艺参数的最佳配合，以使轧制出的不锈钢坯弯曲减到最少。

（1）试验目的：降低因弯曲缺陷造成的不锈钢废品

（2）试验考核指标：弯曲率（%）

（3）试验因素：经研究，有四个因素需确定最佳条件：

A．开轧温度

B．压下量

C．咬入速度

D．抛出速度

（4）选用正交表：选用 $L_9(3^4)$ 正交表。共做 9 次试验，生产上是可接受的。这样每个因素可选三个位级，也较合适。

（5）选位级（水平）

	选定位级		
A．开轧温度：工艺规定为 1140℃±30℃	1110℃	1140℃	1170℃
B．压下量：工艺规定为 30^{+5}_{-10} mm	20mm	30mm	35mm
C．咬入速度：工艺规定为 25±10 转/分	15 转/分	25 转/分	35 转/分
D．抛出速度：工艺规定为 50^{+25}_{-20} 转/分	30 转/分	50 转/分	65 转/分

选定的因素位级表，见表 8-6。

表 8-6

因素 / 位级	开轧温度(℃) A	压下量(mm) B	咬入速度(转/分) C	抛出速度(转/分) D
1	1110	20	15	30
2	1140	30	25	50
3	1170	35	35	65

（6）按选用的正交表将因素位级表中的因素顺序上列，位级对号入座，然后进行试验，并得出试验结果见表 8-7。

表 8-7

因素 / 列号 / 试验号	开轧温度 ℃ A	压下量 mm B	咬入速度 转/分 C	抛出速度 转/分 D	试验结果 弯曲率 (%)
	1	2	3	4	
1	1(1110)	1(20)	3(35)	2(50)	30
2	2(1140)	1	1(15)	1(30)	20
3	3(1170)	1	2(25)	3(65)	10
4	1	2(30)	2	1	50
5	2	2	3	3	30
6	3	2	1	2	0 ★
7	1	3(35)	1	3	60
8	2	3	2	2	10
9	3	3	3	1	20
位级Ⅰ结果之和	140	60	80	70	
位级Ⅱ结果之和	60	80	70	50	
位级Ⅲ结果之和	30	90	80	110	
极差 R	110	30	10	60	

结果分析：

（1）各因素对结果影响的重要程度

极差 R 最大者，就是对结果影响程度最大，R 最小则影响程度最小。因此，因素重要程度的次序是 A→D→B→C。

（2）直接看

第 6 号试验最好，结果：弯曲率为 0，其工艺条件为 $A_3B_2C_1D_2$。

（3）算一算

从位级之和（越小越好）可以看出， 最好的工艺条件应是 $A_3B_1C_2D_2$。

（4）作趋势分析，见图 8-3。

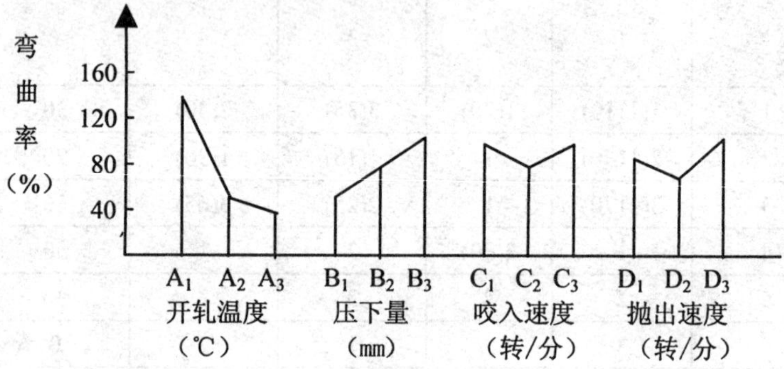

图 8-3 趋势图

从趋势图看，A 因素、B 因素还有潜力可挖，但由于 A 因素开轧温度再提高（大于 1170℃），会影响表面质量；B 因素压下量再小一些，可能会更好，由于 B 因素是次要因素，影响小，从另一角度来说，压下量再小则会影响产量。

注：当从趋势图上看出 A 因素和 B 因素还有潜力可挖时，通常则还要把 A 因素比 A_3 还要取更高的位级，B 因素比 B_1 还要取小的位级，与综合评定的“最佳”工艺组合进行对比试验，以便能选定更好的工艺组合。

（5）综合评定

“直接看”与“算一算”结果有差异，但其重要因素 A、D 是一致的，均为 A_3D_2；次要因素 B 要在 B_1、B_2 中选取。由于考虑压下量 B 的减少，会影响产量；如果 B_2 就已满足要求，就不再选 B_1，为此选择 B_2；最次要因素 C，也要在 C_1、C_2 中选取，由于咬入速度小有利于咬入，为此选 C_1。经综合评定，其最佳工艺组合可望是 $A_3B_2C_1D_2$。

即：开轧温度　1170℃；

压下量　　30mm；

咬入速度　15 转/分；

抛出速度　50 转/分。

（6）小批跟踪试验（一周），数据见表 8-8

表 8-8

批次	生产日期	开坯块数	合格块数	弯曲块数	弯曲废品率（%）	合格率（%）
1	5 月 8 日	36	36	0	0	100
2	5 月 9 日	36	35	1	2.7	97.3
3	5 月 11 日	33	33	0	0	100
4	5 月 12 日	35	35	0	0	100
5	5 月 13 日	33	33	0	0	100
合计		173	172	1	0.57	99.43

取得成功。

（7）把 $A_3B_2C_1D_2$ 的工艺配合，纳入作业指导书，指导现场生产。

第三节　小结

1. 按对策实施，就是要按照对策表的要求一个对策、一个对策地实施。每一条对策的实施也要按对策表的“措施”栏中的具体措施逐条实施落实。

2. 每条对策在实施完成后要立即确认其效果。要收集数据，与对策表上的目标要求进行比较，如果达到了目标要求，就说明该对策已有效地使该条失控因素达到了受控状态；如果没有达到目标要求，则需继续努力，必要时，要修正对策，并再实施。

3. 每条对策实施后，除确认结果外，还需对以下方面进行核查：

(1) 是否影响安全；

(2) 是否影响相关处的质量；

(3) 是否影响管理；

(4) 是否影响费用及成本的增高。

当核查发现有上述影响时，则对该项对策及其结果进行综合评估，以便采取进一步的措施。

4. 对策与实施阶段由于是进入实质性的质量改进阶段，各种改进及其结果都需用数据表达，为此可用的工具及方法也最多。

常见的工具、方法有：调查表、直方图、控制图、过程能力指数、散布图、矩阵图、过程决策程序图、箭条图、头脑风暴法、程序图、优选法、正交试验设计法等，QC小组应根据自己处理数据的实际需要来正确、恰当地选用。

第九章　效果检查

对策全部实施完毕，并逐条确认都已达到对策表中目标栏的要求后，说明所要实施的改进也全部完成，对问题造成影响的要因已全部解决，应在改进后的条件下进行生产（工作），并从中收集数据，以检查改进后的总体效果。

第一节　如何进行效果检查

一、与小组设定的课题目标进行对比

QC 小组活动的全部对策实施完成之后，就要检查 QC 小组活动的效果。检查效果最主要的内容就是与小组设定的课题目标进行对比，看是否达到了预定的目标。为此，应把在改进后的生产（工作）条件下进行生产（工作）所取得的数据，与小组设定的课题目标进行对比，以明确是否已实现小组的预定目标。

对比时常用一些工具，以其简明的图形，一目了然地展示出对策实施前的水平、小组设定的目标以及对策实施后所达到的水平，使人一看就知道是否已达到了小组设定的课题目标。

常用的工具有：柱状图、折线图、直方图和过程能力指数等。

1．用柱状图进行效果对比

例 1：装配一次合格率从对策实施前的平均 78.3%，提高到对策实施后的 97.1%，实现了小组预定的 95%目标，见图 9-1。

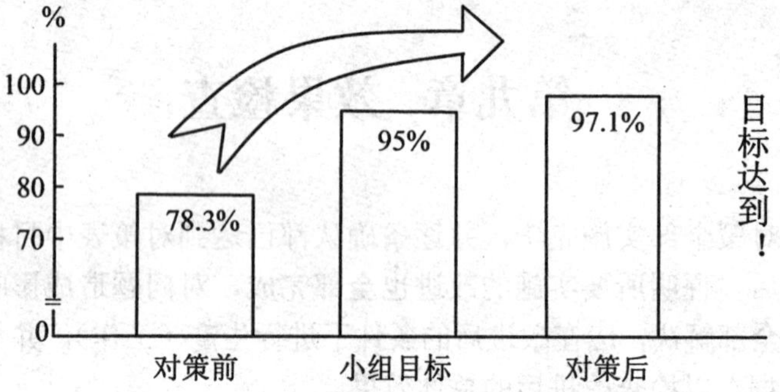

图 9-1

例 2：塑料制品的铸塑废品率由原来的 16%，降低到 3.1%，实现了小组制定的低于 4%的目标，见图 9-2。

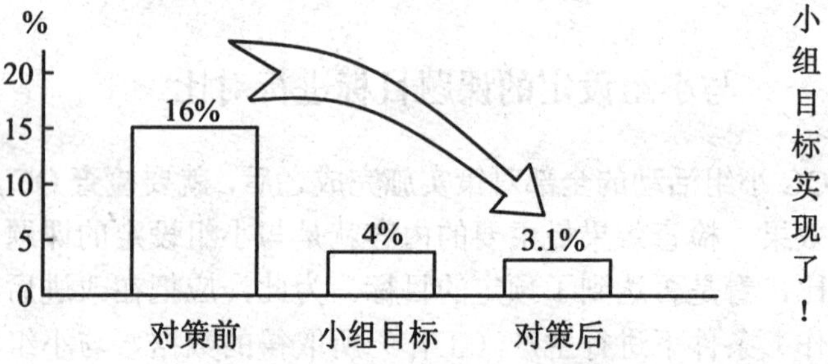

图 9-2　效果对比柱状图

2. 用折线图进行效果对比

例：合格率由对策前的平均 81.5%，提高到对策后的平均 98.9%，达到了高于 98%的目标，见图 9-3。

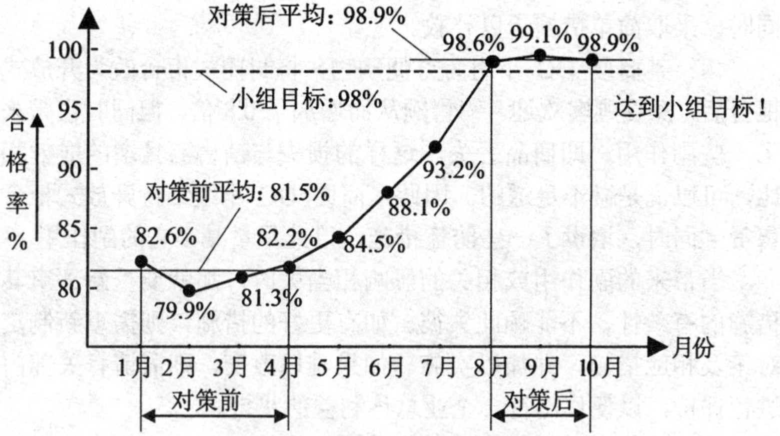

图 9-3 效果对比折线图

3．用直方图和过程能力指数进行对比

例：食盐的装袋过程能力指数由原来的 Cpk=0.59，提高到对策实施后的 Cpk=1.36，达到了小组课题目标≥1.33 的要求，见图 9-4。

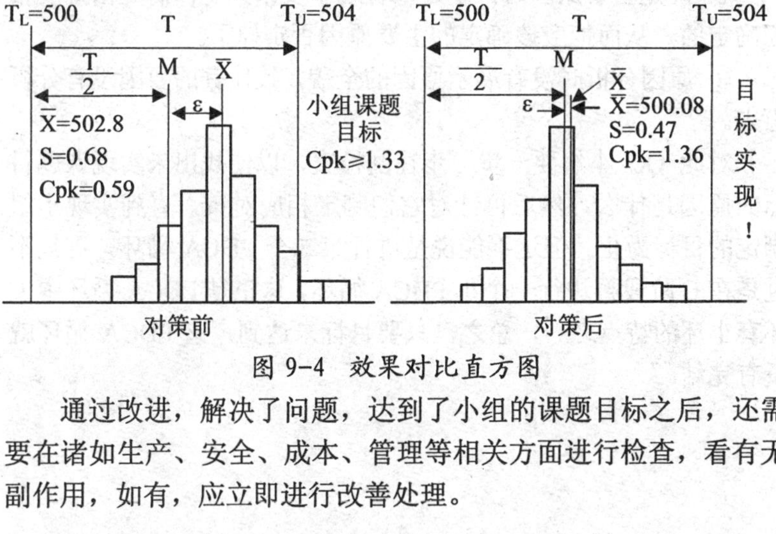

图 9-4 效果对比直方图

通过改进，解决了问题，达到了小组的课题目标之后，还需要在诸如生产、安全、成本、管理等相关方面进行检查，看有无副作用，如有，应立即进行改善处理。

当带来的副作用远远小于成效时，应在维持 QC 小组成果的同时，采取简单措施予以补救。

例：某商厦 QC 小组为方便购物，将封闭式柜台改为开放式柜台后，深受顾客欢迎，销售额从而增加了 0.8 倍。但同时也带来了一些副作用，即商品丢失。这样的损失与销售额猛增的成效相比，可以说是微不足道的。因此，商厦 QC 小组维持开放式柜台售货，同时，增设了一些防盗措施，以此尽量减小它的副作用。

当带来的副作用或相关的影响相当大时，那就要重新评审其措施的有效性，不能顾此失彼。如有更好的措施，则需重新制定对策及相应措施，并加以实施。如果难以改变，则需请有关部门进行评价，以便作出符合企业总体利益的决定。

QC 小组在解决课题时，并不都是一帆风顺的。全部对策实施完成后，检查效果时，发现没有达到小组预定的课题目标。

出现这种现象，通常是由以下几种情况造成：

① 所制定的对策不足以使该要因恢复到受控状态，或对策制定得还可以，但实施时却不尽如人意，没有达到对策的目标。

② 确定主要原因时，不是以客观事实来判定，而是由主观推测确定的，从而把应该确定的主要原因否定掉了。

③ 原因分析时没有展示原因的全貌，致使有的要因没有分析出来。

对此 QC 小组要一步一步往回检查，以便找出未实现课题目标的原因是什么，然后再针对它们制定相应对策，直到实现小组制定的目标为止。但这不能说是进行第二个 PDCA 循环，这只不过是在 C 阶段再进行一个小 PDCA 循环，这正是 PDCA 循环中大环套小环的特点之一，总之，只要目标未达到，该 PDCA 循环就没有完结。

二、与对策实施前的现状对比

当小组在现状调查中，通过调查分析，找出了问题的症结，并针对这一症结着手分析和找出主要原因，制定并实施对策，在效果检查中，首先应对症结的解决情况进行调查，以明确改进的有效性。

检查的方式，可根据现状调查的情况而定。如果现状调查时，只简单地用具体数据来描述，则检查时可简单列表把对策前、后的数据进行对比。如果现状调查时用排列图找出问题症结，则检查时同样用排列图来比较，见图9-5。从图中可看出影响铸塑件不合格品率高的症结“顶部充不满”所发生的频次已大幅度下降，从对策前的关键的少数，成为对策后的次要的多数，说明小组的改进活动是有成效的，而且效果较明显。

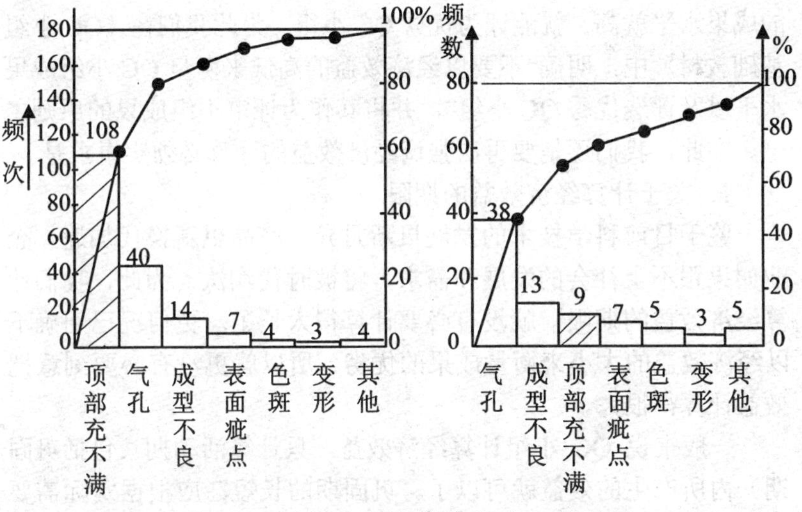

图 9-5　问题症结对策前后对比排列图

第二节　效益的计算

一、经济效益的计算

小组通过改进活动实现了自己所制定的目标，凡是能计算经济效益的，就应该计算经济效益，以明确小组所作的具体贡献和自身价值，以鼓舞小组成员的士气，更好地调动小组成员的积极性。

计算经济效益一定要实事求是，不要拔高夸大，或加长计算的年限，更不要把还没有确立的费用，作为小组取得的效益来计算。

之所以造成上述一些不符合实际的计算经济效益的现象，主要是我们有的企业和部门，还没有真正理解 QC 小组活动的宗旨，片面认为只要创造经济效益就好，谁的成果创造经济效益大，谁的成果水平就高，就能评为优秀 QC 小组。为此我们在《QC 小组基础教材》中，明确“不要以经济效益的高低来衡量 QC 小组成果水平以及评选优秀 QC 小组”，并将其作为评审小组成果的原则之一。在此，我们还是要再次强调经济效益的计算必须实事求是。

1．关于计算经济效益的期限

鉴于目前科学技术的发展日新月异，产品更新换代加速，企业如果跟不上社会的发展和需求，将被时代淘汰。为此，我们计算经济效益的期限，就没有必要计算得太长了。更何况已明确不以经济效益的大小来衡量成果的优劣，所以就更没有必要刻意把效益计算得很大。

一般来说 QC 小组计算经济效益，只计算活动期（包括巩固期）内所产生的效益就可以了。巩固期的长短，应根据实际需要来确定，只要能说明 QC 小组取得的成果经过这段时间的实践，数据表明是稳定保持的就可以。

2．要计算实际产生的效益

QC 小组在改进过程中必然要投入一定的费用。这些投入都要纳入到效益计算中去，为此，QC 小组计算经济效益，要计算实际效益。即：

实际效益＝产生的收益－投入的费用

二、关于社会效益

有的 QC 小组可以创造很大的经济效益，有的 QC 小组却创造不出多大的经济效益，有的 QC 小组创造的经济效益甚至为负数。这些投入大于产出的经济效益，有时往往会产生出巨大的社会效益。

例：某液化气供应站 QC 小组，从收集的信息中得知管区内有两户居民出现因液化气皮管漏气引起爆炸，造成起火伤人事件。他们开展 QC 小组活动，调查原因，发现一千余户居民使用的胶皮管已老化，极易造成破裂，导致爆炸、火灾，经他们苦口婆心地相劝，对一千余户居民更换了胶皮管。小组虽然没有得到什么经济效益，但是，去除了造成爆炸和火灾的隐患，所带来的社会效益是巨大的。

还有一些公益事业，如托儿所、敬老院、学校，一些绿化、环保项目，投入的是金钱，提供的是服务，得到的是诚信和造福人类、造福社会。

因此，对于这样的成果，在计算效益时可着重社会效益方面的描述，这样有利于鼓舞小组成员的士气、调动他们的积极性。

第三节　小结

全部对策实施完成后，在新的条件下，收集数据，检查总效果。

1. 与小组制定的课题目标进行比较，看其是否达到。如果已达到目标就可以转入下一程序，制定巩固措施，防止问题再发生；如果没有达到课题目标，则要重新检查过程的活动情况，分析未达到目标的原因，重新制定对策并实施，取得效果后进行再比较。

2. 对于所解决的问题症结，要把实施后的效果与现状调查时的状况进行对比，以明确改善的程度与改进的有效性。

3. 检查是否有别的方面的副作用，或不完善的地方，以便立即进行改善。

4. 计算经济效益要实事求是。计算经济效益的期限，一般计算活动期（包括巩固期）内所产生的效益。

实际效益 = 产生的收益 - 投入的费用

5. 一些公益事业的 QC 小组要更多地总结社会效益。

第十章　制定巩固措施

第一节　怎样制定巩固措施

通过改进，达到了小组预定的目标，使课题得到解决，就需要巩固已经取得的成果，并防止此问题再发生，为此要制定巩固措施。

一、把已被实践证明了的有效措施纳入有关标准

这里所说的已被证明了的有效措施，是指对策表中列入的，经过实施，证明确实能使原来影响问题的要因得到解决，使它不再对问题造成影响的具体措施。

这里所说的标准是广义的标准，它可以是标准；可以是图纸、工艺文件；可以是作业标准；可以是管理制度等。

就是说，为了巩固成果，防止问题再发生，就要把对策表中能使要因恢复到受控状态的有效对策与措施，该纳入什么标准，就纳入什么标准，便于以后的执行及进行日常的管理。

二、关于标准的修订

要将有效对策或措施纳入标准，就需修订原标准。由于 QC 小组没有修订标准的权利，为此，必须按规定程序向标准的主管部门申报，由主管部门认可、批准后执行。

第二节　效果的巩固

一、经修订并被批准的新标准必须正确执行

已被解决的问题，几个月后又再次发生，这种现象时有发生，其主要原因是巩固措施没有被严格执行。

因此，小组成员要在巩固期及其以后的时间内经常到现场进行检查，以确认修订过的新标准是否已被正确执行，这样才能使已取得的成果真正得到巩固。

二、巩固期内要及时收集数据，以确认效果是否能维持在良好的水准上

许多小组为说明巩固期的情况，把收集到的数据用简单的图表进行表示。

例：某 QC 小组在铸塑件废品率从 16%降低到 3.1%，实现小组制定的低于 4%的目标后，其巩固期的情况见图 10-1。

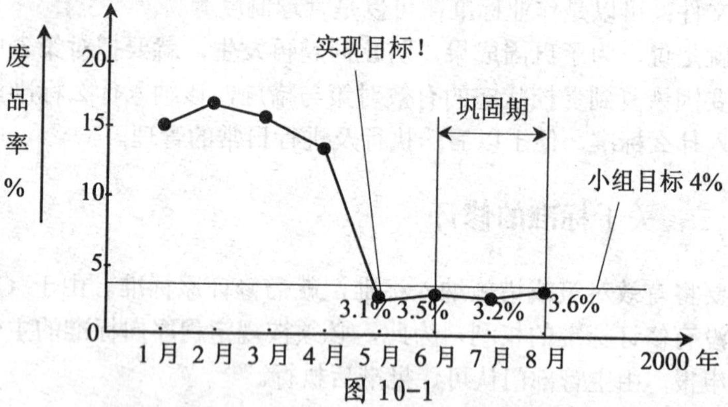

图 10-1

在巩固期中，能正确执行已经纳入了有效措施的新标准，并能把效果维持在良好的水准，才能认为该课题已彻底得到解决。

第十一章　总结和下一步打算

第一节　总结

没有总结就没有提高。为此，小组在本课题得到解决之后，要认真回顾活动的全过程，成功与不足之处是什么，哪些地方做得是满意的，哪些地方还不够满意。肯定成功的经验，以利于今后更好地开展活动，接受失误教训，以使今后的活动少走弯路。通过总结，鼓舞士气、增强自信、体现自身价值，提高分析问题和解决问题的能力，更好地调动小组成员的积极性和创造性。

一般来说，总结可从专业技术、管理技术和小组综合素质三个方面进行。

一、专业技术方面

QC 小组在活动中分析问题存在的原因，确定主要原因，制定对策，进行改进都需要用到专业技术。通过活动，使小组成员的哪些专业技术得到了提高，哪些专业知识及经验得到了掌握，而哪些专业知识和技能还欠缺，都需要小组成员在一起认真总结。通过总结必然会使小组成员在专业技术方面得到一定程度的提高。

二、管理技术方面

在解决问题的全过程中，小组活动是否按照科学的 PDCA 程序进行，解决问题的思路是否已做到一环紧扣一环，具有很好的逻辑性；在各个阶段需决策之处，是否都能以客观的事实——数据作为证据，而具有科学性；在工具的应用方面是否能运用得恰当，即此处就该用这种方法，并运用正确无误。

通过从管理技术方面进行总结，就能进一步提高小组成员分析问题和解决问题的能力。

三、小组的综合素质方面

QC 小组在对活动过程总结时，可从以下几个方面对 QC 小组的综合素质进行自我评价：

1．质量意识是否提高（含安全、环保、成本、效率等意识）；

2．问题意识、改进意识是否加强；

3．分析问题与解决问题的能力是否提高；

4．QC 方法是否掌握得更多些，且运用得更正确和自如；

5．团队精神、协作意识是否树立或增强；

6．工作干劲和热情是否高涨；

7．创新精神和能力是否增强，等等。

通过综合素质的自我评价，使小组成员明确自身的进步，从而更好地调动小组成员质量改进的积极性和创造性。

小组进行综合素质的自我评价，通常使用评价表并绘制成简单的雷达图或柱状图，以一目了然地展示出活动前后的对比情况。

例：某小组在总结中对小组的综合素质进行的自我评价，见表 11-1 与图 11-1。

表 11-1　自我评价表

序号	评价内容	活动前（分）	活动后（分）
1	团队精神	65	85
2	质量意识	75	90
3	进取精神	90	90
4	QC 工具运用技巧	65	95
5	工作热情干劲	80	85
6	改进意识	60	80

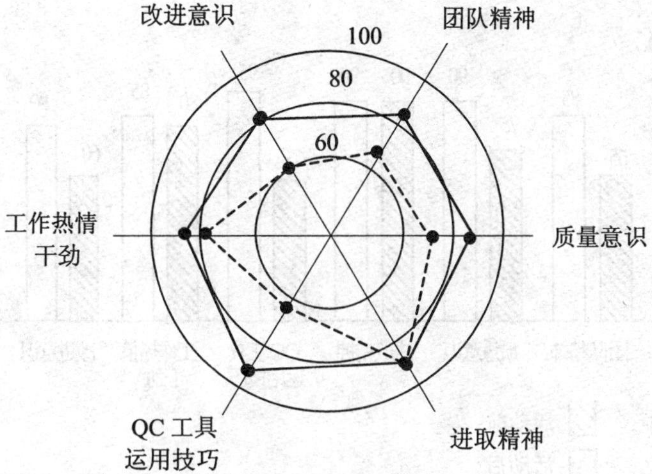

图 11-1 自我评价雷达图

从雷达图可以看出：

（1）小组进取精神一直不错，现在已保持下来。

（2）在 QC 工具运用技巧上有明显提高。

（3）在团队精神、质量意识、改进意识和工作热情上比活动前有所进步。但在改进意识上只得 80 分，说明小组在这方面还有较大差距，今后应在大胆改进上有所突破。

上述自我评价也可用柱状图表示，见图 11-2。

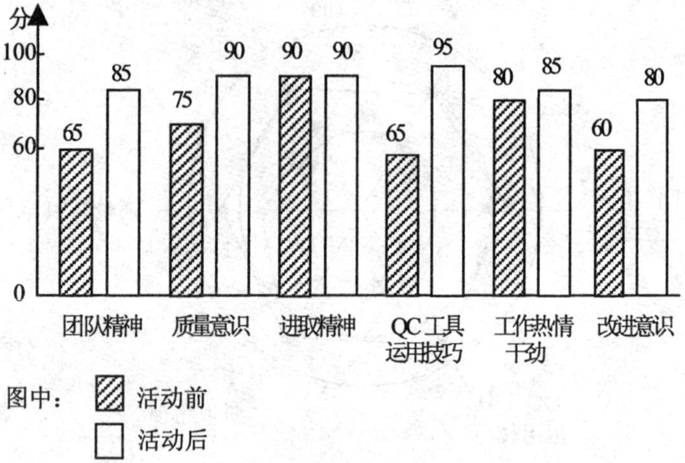
分
100
80
60
0
65
85
75
90
90
90
65
95
80
85
60
80
团队精神
质量意识
进取精神
QC 工具
运用技巧
工作热情
干劲
改进意识
图中：
活动前
活动后

图 11-2

表11-2 QC小组活动小结

活动内容	优点	不足	今后努力方向
课题选择	用“头脑风暴法”选题适当，符合上级要求	——	吸收其他小组的经验，扩大本组选题范围
现状调查	对问题深入调查，能掌握重点	方法运用不熟练，分析不够细	加强方法的学习，训练灵活运用
设定目标	依数据推估目标值，能客观设定目标	——	加强数据收集和分析，使目标设定更明确化与合理化
原因分析	成员充分发表意见，并能到现场确认主要原因	有的原因未分析到末端，有的要因尚缺少数据	对做好的原因分析图应确认是否分析到末端，如没有，则要进一步分析；对主要原因应尽可能用数据说明它对问题的影响程度
对策与实施	对策富有创意，且有效解决问题	未能事先评估其副作用	学习“创新型”的一些方法；评估与改善对策的副作用
检查效果	确认实施效果并予追踪，确保效果稳定	——	改进无止境，持续追踪，持续改进
标准化	制定良好作业标准，提高作业效率，并推广至其他单位	——	将作业标准推广至各条生产线

第二节　下一步打算

下一步要解决的课题可从以下方面来选择：

（1）在现状调查分析问题症结时，找出来的关键少数问题已经解决，原来的次要问题就会上升为主要问题，把它作为下次活动的课题，继续解决它们，将使质量上升到一个新的水平。

（2）在最初选择课题时，小组成员曾提出过可供选择的多个课题，经过小组评估，得分最高者已经解决了，在其余的问题中，还可以找出适合小组解决的问题。

（3）再次发动小组成员广泛提出问题，从中评估选取，可根据小组的具体情况来确定之。

第十二章 QC小组活动成果报告的整理

QC小组全体成员经过共同努力，完成一个活动课题的改进，达到了预期的目标，并使成效得以巩固，就应该认真地进行总结，整理成果报告，以便于汇报、发表与交流。

第一节 为什么要整理成果报告

有的人认为，反正我们经过活动，付出了努力，解决了问题，这是事实，有目共睹；再说，大家也在一起讨论总结了活动中的经验教训，不就行了吗？为什么要整理成果报告，怪麻烦的，一是没时间写，二是写不好，算了吧！

其实，虽然说整理QC小组活动成果报告，不是QC小组活动程序的一个步骤，但也是QC小组活动善始善终的一个组成部分。不是可做可不做的事情，为什么呢？因为整理报告有两个方面的目的。

一、汇报、发表与交流小组活动成果

QC小组是全员参与质量管理活动的一种有效的形式。为了在一个组织中广泛地开展QC小组活动，让还没有参加QC小组活动的员工也能积极参加到QC小组活动中来，不能只靠一般性的培训、宣传、教育，还应该通过已开展活动并取得成果的QC小组的现身说法，让大家具体地看到开展QC小组活动并不难，以及开展活动并取得成果的乐趣，使未开展活动的员工产生跃跃欲试的愿望。这就需要那些开展活动并取得成果的QC小组把自

己是怎样进行活动的过程和取得的成果用事实和数据反映在成果报告中，以便于交流与发表。在发表交流过程中，让听众在边听边看的过程中，也知道了应该怎样一步一步地去活动，怎样收集、整理数据，怎样分析问题与解决问题，可以用些什么方法，怎样用这些方法等。这些可以使大家听过的讲课更加具体化、形象化，起到样板引路的作用。

二、提高小组成员科学总结活动成果的能力

QC 小组成员在讨论总结活动成果时，常常是你一言我一语，想到哪里，说到哪里，说多少算多少，因此，不能做到条理化、系统化、科学化的总结。这样，久而久之，也不利于大家养成科学的、系统的思维习惯和行为习惯，也无助于提高大家科学总结活动成果的能力。

在整理成果报告过程中，大家就必须梳理思路，设法把自己的活动过程一步一步地描述清楚，又不漏掉有用的数据、事实和方法，还能使取得的成果让大家听了、看了能信服，也让大家认可小组的成果是可以得到巩固的。真要做到这些，可真的不容易。人们常说：用嘴说说好办，要落到文字上——白纸黑字，可真的要好好推敲一下，是要费一番工夫的。因此，我们说通过整理 QC 小组活动的成果报告，就可以提高小组成员科学总结成果的能力，并逐步养成系统、科学的思维习惯和行为习惯。这对于以后的各项工作都会有帮助。

第二节　怎样整理成果报告

QC 小组活动成果报告是小组活动过程的书面表现形式，是小组活动的真实写照，而不是靠哪一位“秀才”无中生有“编”出来的。因此，整理成果报告一般应按以下步骤进行。

一、QC小组全体成员开会总结

整理成果报告应是QC小组全体成员的事情。应该由QC小组长召集小组全体成员开会，让大家一起回顾本次课题活动的全过程，一步一步地分析总结活动中的成功经验和存在的不足。如，选择课题是否适宜；现状分析是否全面、有足够的数据说明事实，能否为目标值的设定提供可信的依据；原因分析是否全面、彻底，是否针对现状分析找出关键的少数问题；主要原因确认的方法和标准是否正确；对策的针对性强不强，大家是否充分地发挥了创造性，措施是否具体可行；实施是否严格按对策进行，遇到了哪些困难，怎样克服的；对策全部完成后，是否达到了预定的目标值；有无巩固期，巩固期定得合理不合理；小组活动实践证明对策表中的有效对策、措施，是否已纳入相应的标准、制度，使已取得的成果得到了巩固；各步骤运用的方法是否适当、正确，等等。总结会上要让大家畅所欲言，还应让大家畅谈此课题活动中体会最深的是什么，你认为成果报告的中心问题应是什么。在总结会上应确定整理成果报告的分工，如由谁执笔，由谁负责收集、整理哪方面的资料，何时交给执笔人，以及下次开会集体听取并修改成果报告初稿的时间和方式等。

二、分工整理成果报告文稿

QC小组成员按照总结会议上的分工，分别收集、整理小组活动的原始记录和资料。这些原始记录和资料包括:小组开展集体活动的会议记录，本课题现状调查的有关数据和调查记录，要因确认和对策实施过程中进行试验、检测、分析的数据和记录，以及课题目标与国内外同行业的水平对比资料，与本企业历史最好水平的对比资料，活动前后的对比资料等。然后，将这些整理好的有关资料，包括数据表和运用的方法（包括其图示），按时交给执笔人。再由执笔人根据总结会上大家谈的意见、体会，以及上述有关资料，按照 QC 小组活动的程序整理成果报告，形成初稿。

三、讨论、修改、定稿

执笔人整理出成果报告初稿后，首先要由 QC 小组全体成员审查，也可以说 QC 小组全体成员是该课题成果报告的第一听众和评审者。在 QC 小组全体成员会议上，由执笔人把成果报告初稿读给大家听，让大家对报告充分讨论，提出修改意见。最后由 QC 小组长和执笔人共同归纳大家的意见，对报告初稿进行修改、补充、完善，完成本课题成果报告的定稿工作。

第三节　整理成果报告应注意的问题

一、成果报告的形式

整理出来的 QC 小组活动成果报告的表现形式，可以根据实际需要，采用最简单的所谓“一张纸”的形式，或者是较详细些的“几张纸”的形式。

所谓“一张纸”式的活动成果报告形式，就是把 QC 小组活动的各步骤概要地整理在一张纸上。这样既便于交流，又便于保存。一些企业就是这样要求的，如××公司对于 QC 小组活动的成果报告就要求“一张纸”方式。这种要求是从企业内部交流与管理的实际需要出发的。

所谓“几张纸”式的活动成果报告形式，则是在全国各省(市)、行业发表交流时普遍采用的，但繁简程度差异较大。有的只有五六页纸，能简明、清晰地显示出活动全过程的基本事实、主要数据和运用的方法；有的则是十几页，甚至二十几页纸，不仅反映了 QC 小组活动的全过程，而且把发表人要解释的话也全部写入了成果报告，有的甚至加进了一些与成果报告主题无关的内容和漫画等。其实，后两方面的内容是没有必要写进成果报告中去的。

二、整理成果报告应注意的问题

大家都很关心怎样才能整理好成果报告。有的小组成员认为写成果报告很难，要写好就更难。当然，我们说要写好一份 QC 小组活动成果报告，确实不是一件很容易的事情，是需要小组成员下一番功夫的。但对此我们不能怕麻烦，要把系统、科学、简明清晰地整理好活动成果报告，看作是小组成员锻炼和提高自身总结和写作能力的机会。只要功夫用到了，就能整理出较理想的成果报告。下面，我们提示大家在整理成果报告时应注意的几个问题。

1. 应严格按 QC 小组活动程序进行整理

本来 QC 小组活动程序就不是什么人杜撰出来的，而是通过对实践经验加以总结提炼出来的，又经过 QC 小组活动实践证明了是行之有效的，可以让小组活动时少走弯路，甚至不走弯路，提高实现目标的效率。QC 小组在开展活动、解决问题时，也是按照这样的活动程序一步一步地进行的。那么，在课题解决之后，再按活动程序一个步骤、一个步骤地进行回顾总结，看看各步骤之间是不是做到紧密衔接了，每一步骤所得到的结论是不是有充分的依据和说服力，所用的方法是不是恰当，有没有不正确的地方。只有这样进行总结整理，才能使 QC 小组成员对科学的管理技术的运用得到更深刻的认识，才能真正提高 QC 小组成员分析问题和解决问题的能力。通过这样的总结整理，小组成员有时自己会发现在某些地方还存在不足，如有的地方数据还不够充分，或有的原因未分析到末端原因，或有的方法运用得有些不规范等。在可能的情况下，还可以作一些补充和改善。这样总结出来的成果报告，就会有较强的逻辑性，一环扣一环地把整个活动过程交代清楚，让人感到顺理成章，具有说服力，从而使其他的小组也能从中受到启发。

2．要重点突出

整理成果报告时，不要每个步骤用同样的笔墨平铺直叙，应该突出重点，体现出本次课题活动的特点来。这就要把小组成员在本次活动中下功夫最大的、最能表现出小组成员协作努力和创造精神的部分，多用些笔墨，较充分地反映在成果报告中。比如，小组在现状调查中下得功夫最多，那么，就要把小组成员是如何对现状从一个侧面、一个侧面、一层一层地调查分析数据，从而找出问题的症结所在的事实重点写清楚。如果小组成员在制定对策时，充分地发挥了每个人的创造性，提出了很多好对策，那么就要把大家提出的各种对策，以及如何从中筛选出最好的对策的过程重点地反映在成果报告中。而其他一般的部分就可以简单一些。这样就能把成果内容整理得简明、生动、充实，可为其他的小组提供借鉴。

3．要条理清楚、简明扼要

成果报告要以图、表、数据为主，配以少量的文字说明来表达，尽量做到标题化、图表化、数据化，以便使成果报告清晰、醒目。这里所说的数据，当然指的是必要的、有用的数据，并不是数据越多越好，与本次课题活动内容无关的数据也列在成果报告中，会喧宾夺主，模糊人们的视线，应予以删除。这里所说的图表，指的是反映必要数据和方法的图表，而不是为了美观而增加的图画。这里特别要提醒小组成员，千万不要把成果报告整理成发表人的演讲稿，这样影响交流的效果，而且也浪费纸张。但是，这种情况在 QC 小组的活动成果报告中并不少见。

4．要尽量不用专业技术性很强的名词术语

整理成果报告的一个目的就是为了发表与交流，以便互相学习。在许多情况下，QC 小组成果并不是在同行之间交流的。专业技术性很强的名词术语频繁在成果报告中出现，会使外行人看或听起来很难弄懂，这就会使交流效果大打折扣。因此，在整理成果报告时，要尽量不用专业技术性很强的名词术语，如果实在需要用时，要先用通俗易懂的语言进行解释，使外行的人也能明白是怎么回事，以便收到较好的交流效果。

5. 关于企业概况与小组情况简介

许多成果报告的一开始，都要先介绍一下企业概况和小组情况。在介绍企业概况时，应注意不要做成广告式的，应该是与此次课题活动有关的背景情况，如果不略加介绍，就不利于人们了解此次活动课题对企业来说的重要性。如果是与本次课题活动无关的，则不必介绍。关于小组概况介绍，切忌将小组历年的活动课题及获得的荣誉也罗列出来。因为荣誉只说明过去，不能说明现在。只有当此次课题活动是在上次课题成果的基础上进行的，或是上次课题的延续，或是上次课题的遗留问题，则可以对前次课题略加说明。

第十三章 QC 小组成果的发表

第一节 为什么要组织成果发表

QC 小组成员经过共同努力，使课题活动取得了成果，达到了预定的目标，不管该成果是否有直接经济效益，也不分经济效益的大小，组织都应该给他们提供发表成果的机会。这种成果发表，可以是在组织的基层单位发表，也可以是在组织的高层范围发表。

有人认为，QC 小组活动取得成果以后，我们只要组织一些专家（具有国家级或省、行业级诊断师资格的人）对其活动与成果进行评审，分成不同等级，给予一定奖励就可以了，为什么还要组织成果发表呢？他们认为，组织成果发表很费事，要做许多筹划工作，如安排合适的时间、场地，准备必要的发表工具，请有关领导到场听发表并予以鼓励等。应该说，这种认识有很大的局限性，他们只看到了组织成果发表的困难一个方面，却没有了解组织成果发表的重要意义。其实，组织 QC 小组活动成果的发表，不是为了应付上级的要求，也不是仅仅为了评选各级优秀 QC 小组，当然更不是为发表而发表地走形式。组织不同层次的 QC 小组活动成果发表，是 QC 小组活动的一个特色，具有其他形式难以取代的独特的作用。

一、交流经验，相互启发，共同提高

在各级成果发表会上，取得了活动成果的 QC 小组发表自己的成果，谈活动的经验、体会和不足，这就为其他 QC 小组和听众学习他们的经验，寻找自己的差距提供了条件。人家的不足，

可能正是我们今后活动中应该注意改进的地方，再加上成果发表会上听众的提问与答辩，以及专家对成果的讲评，可以很好地起到相互交流、互相启发，共同探讨、取长补短，集思广益、共同提高的作用。

二、鼓舞士气，满足QC小组成员“自我实现”的需要

美国心理学家马斯洛认为，人的需要是分层次的，最低层次的需要是“生理需要”（衣、食、住的基本需要），最高层次的需要是“自我实现需要”（实现自己的理想、人生价值）。其实，每个人在最基本的“生理需要”得到满足之后，都会有“自我实现需要”，只不过有的人是显现的、强烈的，有的人则是隐含、待挖掘的。QC小组成员在有领导、专家、同事们参加的会上，发表自己活动所取得的成果，讲述大家付出的努力和得到的收获，并取得领导、专家和广大职工的认可，这就给QC小组成员满足“自我实现需要”提供了机会，尤其是对于许多长期在生产、服务、业务工作第一线工作的员工来说更是难得的。这必然会增强QC小组成员的荣誉感和自信心，并进一步激发他们“自我实现的需要”，这种激励作用会给QC小组以后的活动增强动力。

三、现身说法，吸引更多员工参加QC小组活动

在成果发表会上，取得成果的QC小组成员在台上讲述自己的活动过程与取得的成果，广大员工在台下听他们的介绍，对于尚未开展QC小组活动的员工来说，就是一种“现身说法”。发表成果的小组用事实说明QC小组活动并不神秘，也不是很难，人家能做到的，我们也可以做到，从而拉近QC小组与广大员工之间的距离，有说服力地解除人们对QC小组活动的种种疑虑，吸引更多的员工参加到QC小组活动中来，进一步推动QC小组活动更广泛、深入地开展。

四、提高 QC 小组成员科学总结成果的能力

QC 小组成员为了更好地在成果发表会上向领导、专家、同事们介绍自己的活动过程与取得的成果，全体成员就要认真地回顾活动的全过程，总结活动中的经验与教训，整理好成果报告（这一方面的内容在本书的第十二章中详细介绍了）。这对于 QC 小组成员来说，是一次在实践中再学习和培养能力的过程。通过这种 QC 小组全员参与的整理成果报告的过程，必将提高 QC 小组成员科学总结活动成果的能力，也会逐步养成科学思考与行动的习惯。

五、使评选优秀 QC 小组和优秀成果具有广泛的群众基础

通过各级的成果发表会，QC 小组活动取得的成果当众发表，领导、专家、同事一起来了解和评价，再加上专家的正确讲评，就可以增加评选优秀 QC 小组和优秀成果的透明度，使评选的优秀小组和优秀成果具有广泛的群众基础，即得到与会者的共同认可。如果各级优秀 QC 小组都是通过逐级发表而评选出来的，就可以杜绝人为编造虚假成果混入优秀 QC 小组行列的不良现象。

第二节　推进者如何组织成果发表

如前所述，组织 QC 小组活动成果发表意义重大，因此各级 QC 小组活动推进者都应认真组织好 QC 小组活动成果发表会，以更好地发挥其作用。下面具体介绍一下组织好成果发表会应注意的问题。

一、发表形式服从于发表目的

为了更好地发挥成果发表的作用，作为 QC 小组活动的推进

者，在考虑选择或倡导什么形式发表成果的问题上，应该从实际出发，根据不同特点的课题和不同层次的发表会区别对待，不要搞一个模式“一刀切”，更不要一味追求形式新颖、美观、奇特，而花费很多经费和精力，得不偿失。比如，在中小企业的厂级或大企业的分厂、车间级的成果发表会上，可以采用比较简单的方式，如运用一张纸的成果提纲或实物对比，突出 QC 小组活动的特色和活动的重点内容进行介绍，可以由 QC 小组成员集体上台一人发表一段或一至两人介绍、多人模拟表演等灵活多样的形式，以求实效。而对参加大企业或行业、地区的成果发表会，可提出一些统一要求，如印制较系统的成果报告材料，制作投影胶片、电脑软盘或幻灯片，发表时间一般在15分钟以内，并有5—10 分钟的提问答辩等，但具体发表形式也应根据 QC 小组的实际，删繁取简，灵活多样。

二、积极引导对发表成果的提问和答辩

成果发表会的主持人应在一个 QC 小组发表完成果之后，积极启发引导听众对该成果提出问题。这些问题，可以是不清楚的问题，也可以是进一步深入探讨的问题；可以是就提问人想学习的经验进一步发问，也可以是就提问人看出来的问题发问，以确认发表成果的 QC 小组是否存在这方面问题，等等。发表人应就每一个提问简要回答。这样做，既可以活跃会场气氛，让发表人与听众互动起来，而且能起到相互交流、相互切磋、相互学习、共同提高的作用。

三、组织评委专家对成果进行讲评

如果条件允许的话，可以在每个成果发表、答辩之后，由担任评委的一位专家对该成果进行讲评。讲评中既要充分肯定该成果的优点、该小组活动的经验，又要实事求是地指出成果中的不

足和问题，并给出如何改进的建议。如果发表会上要发表的成果很多，而时间又很有限，不能对每个成果进行讲评的话，可以考虑在全部成果发表答辩完毕后，由担任评委的一位专家汇总全部成果中的主要优点，特别是值得大家学习的好的经验、突出的特点，以及存在的主要问题，具有普遍性的问题和不允许存在的错误，进行统一讲评。通过专家讲评成果，可以使每次成果发表会都成为一次结合实际进行培训的极好机会，使与会者都得到一次学习和提高。大量事实都证明了这一点。当然，这要求讲评者要认真听、记，还要征求一下其他评委的意见，并能准确把握标准和要点，通过讲评把 QC 小组活动引导到正确的方向。切忌评委只凭个人印象和偏好，缺乏根据地对小组成果指手画脚，以致将小组活动引偏方向。

四、邀请主管领导参加成果发表会

在组织成果发表会之前，就要邀请与成果发表会同一层级的主管领导参加会议，在会议时间上与其协商一致，以保证他能按时参加发表会。请主管领导参会，主要是听取 QC 小组发表成果，并在全部成果发表完毕及评委进行讲评之后，发表即席讲话，为发表成果的 QC 小组鼓劲，并号召与会者向他们学习，更加广泛地开展 QC 小组活动。领导具有权威性，领导号召起着动员和导向作用，对此不可忽视。如果有可能，请领导人为获奖的优秀 QC 小组颁奖，并与获奖或发表成果的 QC 小组代表合影留念，都可以对小组成员起到激励的作用。

此外，在有条件的地区或行业，可以考虑按不同类型的课题分组进行成果发表，如“创新型”课题、“现场型”课题、“管理型”课题等，它们往往特点不同，取得效果的分量也不同，分组发表，有利于相互交流，相互切磋，也有利于相互比较，从同类型的课题中选出较优秀者，以便更好地照顾到评优的面，从而使各种类型课题的 QC 小组都能从表彰中受到激励，看到进入优秀行列的希望，进而坚持不懈地活动下去。

总之，要组织好 QC 小组成果发表会，确实需要做很多细致的具体工作。如发表会时间、地点的确定要合适，能使更多的员工和主管领导参加会议；要选聘一定数量具有较高理论水平和丰富实践经验且有 QC 小组活动诊断师资格的人担任评委；要布置好会场，准备各小组发表成果时所需要的工具（投影仪、屏幕、幻灯机、扩音器等）；如果要评比名次，还要有统一的评分标准，准备评分表，聘请评分统计员，按照规定的统计原则核定所得分数，等等。只要我们牢记成果发表的目的，不断总结组织成果发表会的经验教训，并培养一批组织活动的骨干力量，就会越办越熟练，不断提高组织成果发表的工作效率和水平。

第三节　QC 小组如何发表成果

要搞好 QC 小组成果发表会，使其更好地发挥作用，虽然会议的组织者，即 QC 小组活动的推进者是关键，但是发表成果的 QC 小组准备得怎样，发表得如何，也直接影响着成果发表会的效果。下面我们就 QC 小组在发表成果时应注意的问题提几点建议。

一、做好发表前的准备

为了使发表取得好的效果，应认真研究选择恰当的发表形式，这要根据不同场合、不同听众以及课题的特点而定。如在现场，可由一人发表，也可由多人发表；可以配合图、表或实物发表，也可以用带有模拟性的表演式发表。发表形式不要一个模式，可灵活多样，生动活泼，不拘一格。但要注意不应哗众取宠，始终不要忘记发表成果的作用。在准备发表成果所需的图片、实物或模型时，也要由小组成员共同分担，不应都加在一个人身上，要体现人人参与的精神。在正式发表之前，最好能在小组内进行一下“预演”，通过“预演”，让大家对发表者的仪态、声音、重点、连贯性、动作等方面发表意见，提出不足和需要改进之处，以群策群力提高成果发表水平。另外，主要发表人必须是 QC 小组的骨干成员。只有这样，才能在发表成果时做到以讲为主，在回答提问时应对自如，从而取得较好的交流效果。

二、处理好发表时的细节

QC小组成果发表人在发表成果时应注意以下细节:（1）上台后作自我介绍（在车间内发表可免），让听众知道你是本 QC 小组的主要成员，而不是外请的“演员”。（2）如同给听众讲故事，自始至终都要语音洪亮，语言简明，吐字清楚，语气自信，语速有节奏，让人听起来你是在讲自己做过的事，而不是在“背书”。（3）仪态要自然大方，不要过于拘谨和紧张，即使发表中出现了错、漏处也不要紧，道声“对不起”，加以纠正和补充即可。（4）在本企业或同行业以外发表成果时，要尽量避免使用专业性很强的技术用语，必须使用时应略作解释，以使听众能明白。

三、简要、恰当地回答提问

在成果发表完毕后的提问答疑时，态度要谦虚，对提问者要有礼貌，回答提问要简洁明了；提问较多时要有耐心，没听清楚的提问，可请提问者再重复一次；实属技术保密问题，要婉言谢绝。发表人对提问答疑应抱着一种共同探讨、互相学习、以求改进的态度来对待，不要视提问为“挑刺”而冷待。

四、发表用“道具”应简单、实用

发表时所用的“道具”，应本着节约、实用的原则制作。如在企业内基层发表时，可用一块黑板、一支粉笔或一张综合性的图表，或一件实物、几张照片等最简单的“道具”，配合发表人的讲解；如在企业内高层或企业外更高层次发表时，可根据需要制作投影胶片、幻灯片或电脑软盘等。它们的制作应朴实、清晰、简洁，应以有用的数据和图表为主，配以结构的层次标题与必要的文字说明。片子的数量要尽可能少，每张片子上的字、图、表也要少，投影到屏幕上，应能让观众看得清楚、一目了然。千万不要不计成本地追求形式，或是搞成果报告全文“搬家”，每张片子上文字密密麻麻，片子又多，不仅浪费，而且效果也不好。另外，我们不主张用放录像带并配录音的方式进行成果发表，为的是体现真人发表的亲切感和真实性，同时也为了更好地交流经验。

附录一：QC小组活动程序常用方法一览表

序号	方法 程序	QC老七种工具							QC新七种工具							其他方法					
		分层法	调查表	排列图	因果图	直方图	控制图	散布图	系统图	关联图	亲和图	矩阵图	矢线图	PDPC法	矩阵数据分析法	简易图表	正交试验设计法	优选法	水平对比法	头脑风暴法	流程图
1	选　题	⊙	⊙	⊙		○	○				○					⊙			○	⊙	
2	现状调查	⊙	⊙	⊙		○	○	○								⊙			○		○
3	设定目标		○													⊙			○		
4	分析原因				⊙				⊙	⊙										⊙	
5	确定主要原因		○					○								⊙					
6 7	制定对策 按对策实施		○				○					○	○	⊙		○	○	○		⊙	○
8	检查效果		○	○		○	○	○								⊙			○		
9	制定巩固措施		○				○									⊙					○
10	总结和下一步打算															⊙					

注：1.⊙表示特别有效；　○表示有效。

2.简易图表包括：折线图、柱状图、饼分图、甘特图、雷达图。

附录二：QC 小组成果案例

案例 1. 提高浓缩生产效率（现场型）

——××药业集团××公司百草 QC 小组

一、工序简介

浓缩生产工序是我公司重要的技术岗位之一，主要任务是将中药提取液浓缩成浸膏。我公司浓缩工序采用真空浓缩技术，使用单效真空浓缩罐和三效真空浓缩罐两种设备，利用蒸汽加热，借助真空降低沸点，使药液在较低温度下浓缩成浸膏。

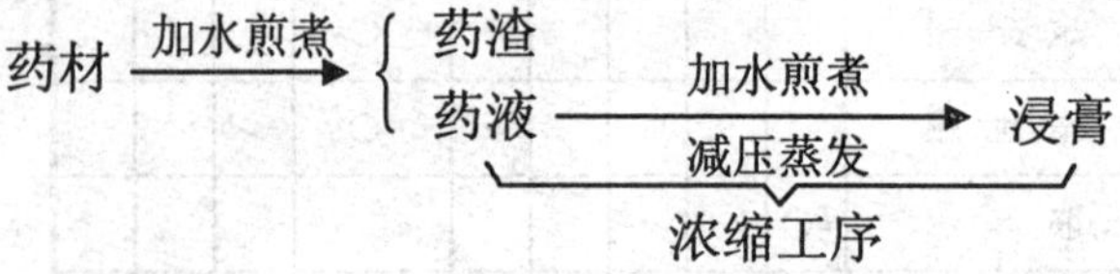

二、选题理由

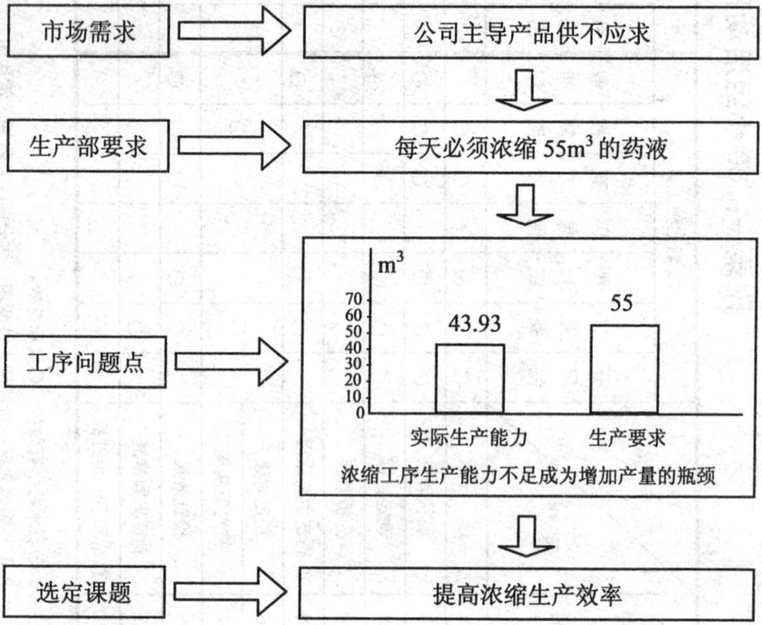

三、调查与分析

1. 设备简介，见图 1

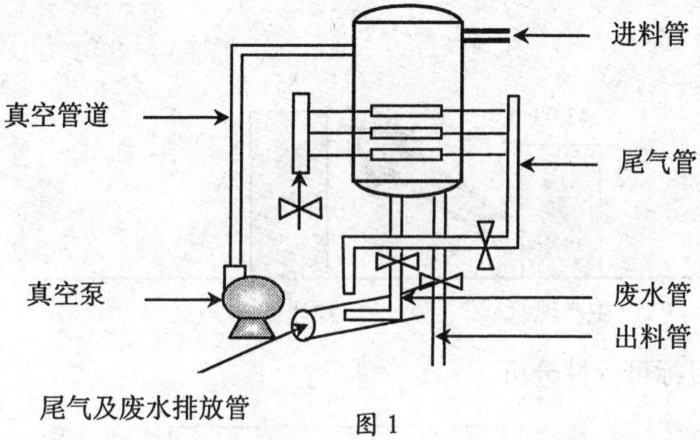

图 1

2. 浓缩生产效率现状，见表 1

表 1 1999 年 1 月至 2000 年 2 月药液浓缩量统计表

浓缩日期	日均浓缩量（m^3/天）
1999 年 1 月	44.345
1999 年 2 月	43.670
1999 年 3 月	54.075
1999 年 4 月	44.265
1999 年 5 月	44.476
1999 年 6 月	43.322
1999 年 7 月	43.801
1999 年 8 月	45.814
1999 年 9 月	43.611
1999 年 10 月	42.477
1999 年 11 月	41.893
1999 年 12 月	40.826
2000 年 1 月	41.097
2000 年 2 月	41.348
日平均值	43.93

四、活动目标

1.确定目标

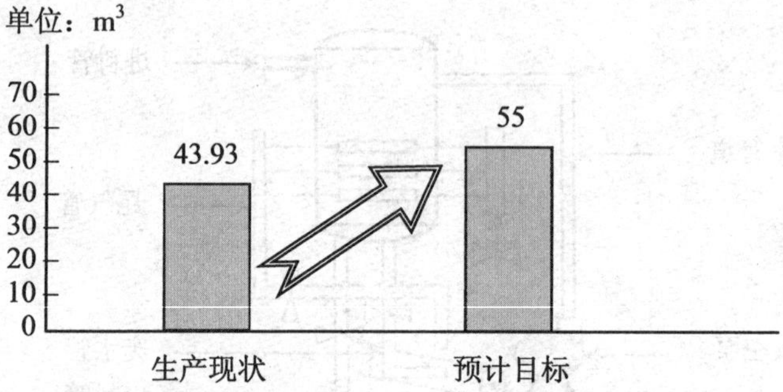

2.目标可行性分析

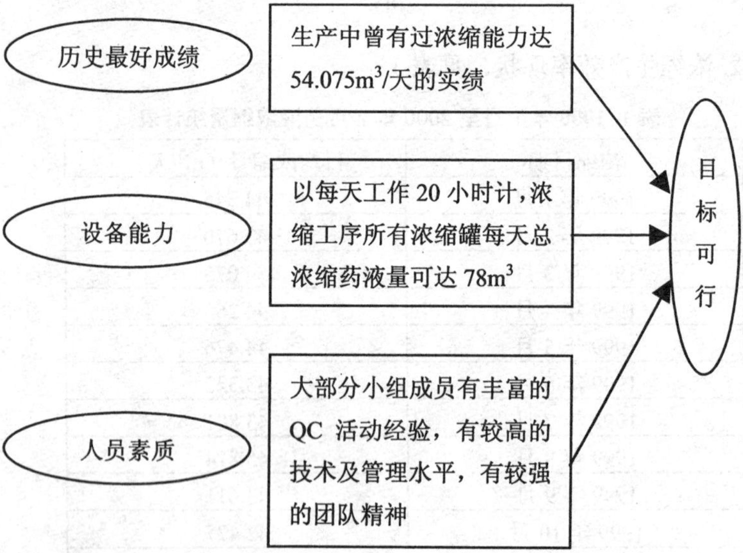

五、原因分析

小组针对浓缩效率进行了原因分析，见图 2。

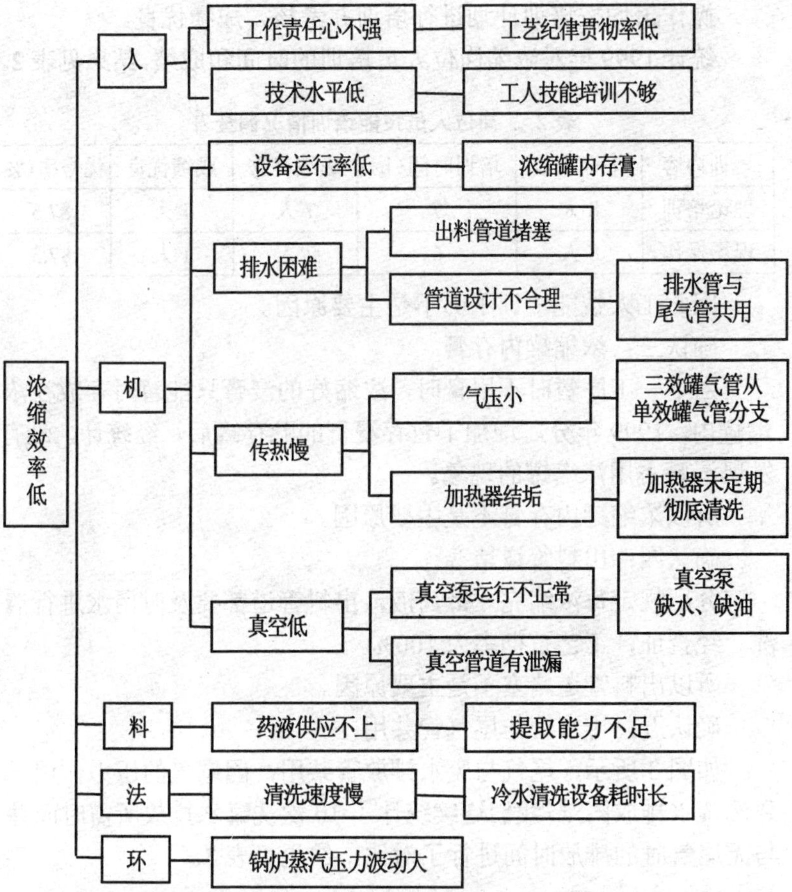

图 2 原因分析树图

六、要因确认

确认一：工艺纪律贯彻率低

浓缩工序是我公司重点技术岗位，操作工都是经过精心挑选的员工，通过工艺查证，工艺贯彻执行率为 99.0%，所以工艺纪律贯彻率低不是主要原因。

确认二：工人技能培训不够

操作工均按培训计划进行培训并考核，成绩优良。

统计 1999 年对浓缩岗位人员培训的时间和成绩，结果见表 2。

表 2　岗位人员技能培训情况调查表

培训内容	培训人数	培训时间(h)	成绩优秀	成绩优良	优秀率(%)
理论培训	8 人	7	7 人	1 人	87.5
现场操作	8 人	6	7 人	1 人	87.5

因此工人技能培训不够不是主要原因。

确认三：浓缩罐内存膏

当下一工序暂时不用膏时，浓缩好的浸膏只能暂时存放在浓缩罐内。1999 年分厂增加了暂存浸膏的贮存罐后，经统计，没有发现浸膏占用浓缩罐的现象。

所以浓缩罐内存膏不是主要原因。

确认四：出料管道堵塞

分厂规定每浓缩完一批药液，出料管道都要及时用水进行清洗。经查证，工艺贯彻率为 100%。

所以出料管道堵塞不是主要原因。

确认五：排水管与尾气管共用

如图 3 所示，尾气与废水排放管共用，因尾气的压力作用导致洗罐水排放困难。我们连续统计了 10 次洗罐水排放所需时间并与无尾气时的排放时间进行了对比，结果见表 3。

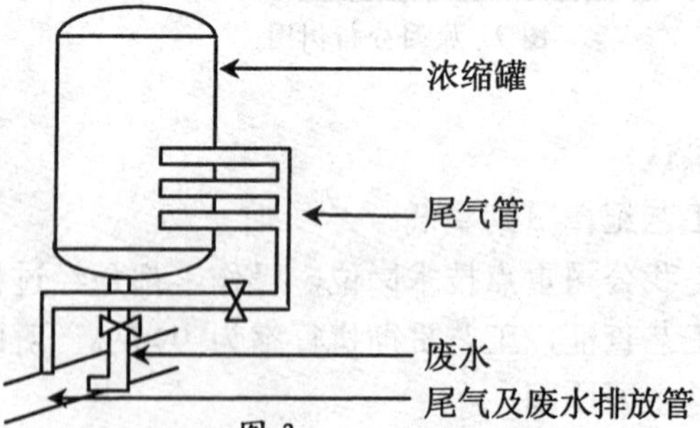

图 3

表 3　排水时间实测调查表

序号	1	2	3	4	5	6	7	8	9	10	平均值
无尾气时的排水时间（min）	7	8	9	7	8	9	8	9	7	8	8.0min/次
有尾气时的排水时间（min）	16	20	10	15	16	15	12	15	18	18	15.5min/次

因此排水管与尾气管共用这是主要原因。

确认六：三效罐气管从单效罐气管分支

1.现场检查：由于分压作用，致使各浓缩罐难以达到额定气压，在满负荷生产时，浓缩罐的工作气压只能达到 0.08MPa 左右，见图 4。

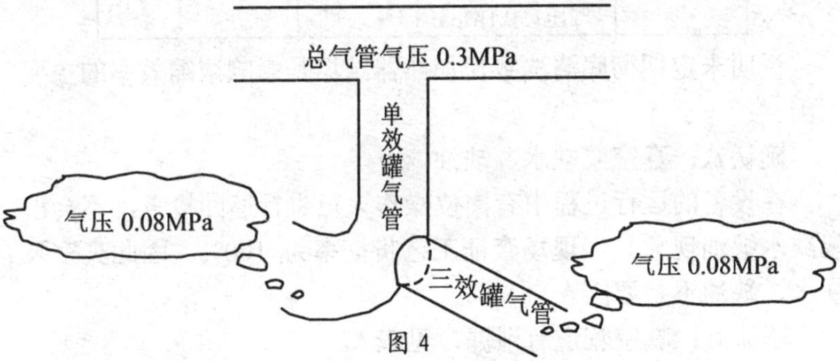

图 4

2.试验论证：浓缩等量的清水，浓缩相同的时间，真空度不变，改变气压大小，比较不同气压条件下的浓缩速度，见表 4。

表 4　在不同气压下浓缩速度试验数据表

气压（MPa）	0.05	0.1	0.15	0.2
浓缩时间（min）	20	20	20	20
浓缩速度（Kg/h）	411	516	595.2	615
可见：当真空度一定时，气压越大浓缩速度越快				

所以三效罐气管从单效罐气管分支是主要原因。

确认七：加热器未定期彻底清洗

工艺规定每浓缩一批药液后，采用清水进行清洗，但现场检查，加热器上仍存在结垢现象，用机械方法除垢后，浓缩效率提高了8%左右。

加热器除垢前后的浓缩速度对比，结果见表5。

表5 除垢前后浓缩速度试验数据表

	浓缩罐	除垢前	除垢后	增幅
浓缩速度	单效浓缩罐 真空：0.06Mpa 气压：0.1Mpa	487kg/h	526kg/h	8.0%
	三效浓缩罐 真空：0.06Mpa 气压：0.1Mpa	788kg/h	860kg/h	9.1%

说明未定期彻底清洗致使加热器结垢是影响浓缩效率的主要原因。

确认八：真空泵缺水、缺油

在设备的运行过程中有岗位操作人员进行巡回检查，不会出现缺水缺油现象。经现场查证工艺贯彻率为100%。因此真空泵缺水、缺油不是要因。

确认九：真空管道有泄漏，见表6。

表6 实测真空度与设备额定真空度对比表

浓缩罐	单效浓缩罐	三效浓缩罐		
		一效	二效	三效
设备额定真空度（MPa）	0.05—0.08	0.02—0.03	0.04—0.05	0.07—0.08
实际真空度（MPa）	0.05	0.02	0.03	0.05

实际生产中的真空度远未达到设备要求，“确认八”排除了真空泵对真空度的影响，因此我们怀疑真空管道有泄漏。经过系统检查在真空管道转角处找到一个约乒乓球大小的漏洞。所以，真空管道有泄漏是主要原因。

确认十：提取能力不足

统计 2000 年 3 月中旬提取工序的能力，与当天的浓缩能力进行对比，见表 7。

表 7 提取能力与浓缩能力对比表

测量日期	3月10日	3月12日	3月14日	3月17日	3月19日	平均值
提取能力（m^3/天）	65.245	55.236	61.528	65.786	58.651	61.289
浓缩能力（m^3/天）	49.356	43.367	40.398	42.687	41.654	43.492

由上表可知，提取能力远远大于浓缩工序的生产能力，完全可满足浓缩所需，所以我们认为提取能力不足不是要因。

确认十一：冷水清洗设备耗时长，见表 8。

表 8 冷水和热水清洗浓缩罐的时间对比表

序号	冷水洗罐时间	热水洗罐时间
1	28min	22min
2	25min	21min
3	25min	21min
平均值	26min/次	21.33min/次

由此可看出，每次热水洗罐比冷水洗罐可节约 5 分钟，如果一天浓缩 4 批药液，共清洗 36 次（6 台单效真空浓缩罐，3 台三效真空浓缩罐），则每天可节约 3 小时。

确认十二：锅炉蒸汽压力波动大

锅炉蒸汽压力波动导致浓缩生产操作蒸汽压发生波动，而操作气压又影响浓缩速度，实际测量了一天的锅炉气压及操作气压变化情况，结果见表 9。

表 9 不同时段锅炉气压与操作气压实测表

时间	8：40	9：40	10：10	10：40	11：10	11：40
锅炉气压（MPa）	0.49	0.30	0.22	0.25	0.20	0.40
操作气压（MPa）	0.08	0.09	0.10	0.08	0.05	0.075
时间	1：30	2：30	3：30	4：30	5：30	6：30
锅炉气压（MPa）	0.40	0.35	0.25	0.25	0.40	0.30
操作气压（MPa）	0.085	0.08	0.09	0.07	0.06	0.07

经过对所有末端因素的逐条确认，确定影响浓缩效率的主要原因是：

1.排水管与尾气管共用

2.三效罐气管从单效罐气管分支

3.加热器未定期彻底清洗

4.真空管道有泄漏

5.冷水清洗设备耗时长

七、制定对策

见表10。

表10 对策表

主要原因	对策	目标	措施	负责人	完成日期
排水管与尾气管共用	把排水管与尾气管分开	使废水得以顺利排出	另设一根管道，供排放尾气用	××× ×××	3月下旬
三效罐气管从单效罐气管分支	将三效罐气管与单效罐气管分开	使浓缩罐工作气压达到0.1Mpa以上	从总气阀分出一支气管供三效罐用	××× ××	3月下旬
加热器未定期彻底清洗	改进清洗方法并规定彻底清洗时间	清除加热器结垢，加快传热速度	摸索最佳清洗方法和清洗周期	××× ×××	3月下旬
真空管道有泄漏	将泄漏处封堵	使真空达到0.06—0.08Mpa	将泄漏处焊接好	××× ×××	4月上旬
冷水清洗设备耗时长	改用热水清洗浓缩罐	将洗罐时间缩短在22 min之内	增加一热水贮罐	××× ×××	4月上旬

八、对策实施

实施一：为解决排水管与尾气管共用问题，添置管道，将尾气与废水分开排放，改造前后见图5、图6。

实施后效果见表11。

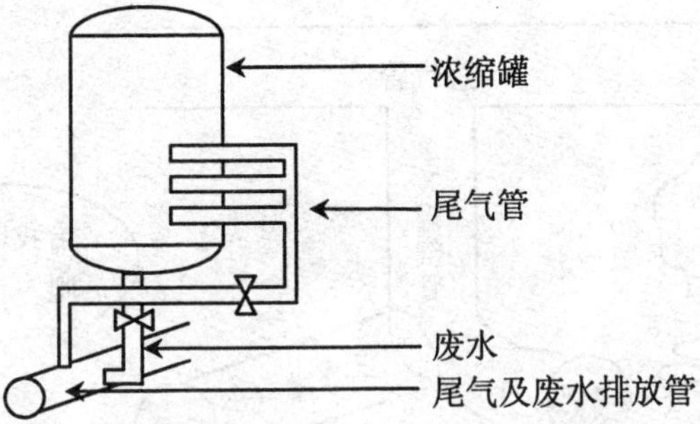

图 5　改造前

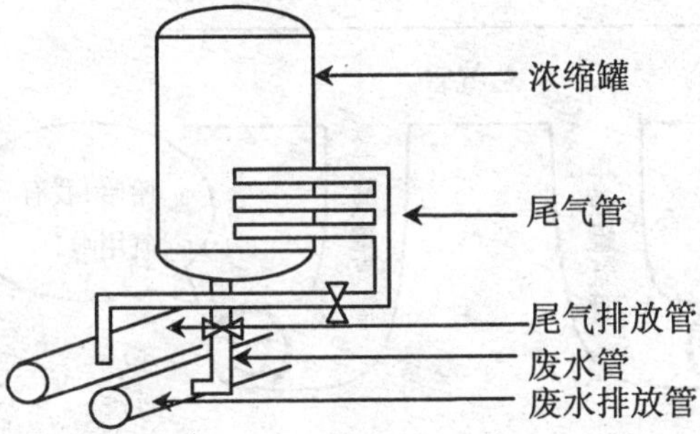

图 6　改造后

表 11　实施前后排放时间对比表

序号	1	2	3	4	5	6	7	8	9	10	平均值时间
改造前排放时间（min）	16	20	10	15	16	15	12	15	18	18	15.5 min / 次
改造后排放时间（min）	10	12	7	10	8	6	10	8	5	6	8.2 min / 次

实施后，每次排水时间比实施前节约了 7.3 分钟，9 个浓缩罐一天浓缩 4 批药液清洗 36 次浓缩罐，排水 36 次节省出 4.38 小时，多浓缩 $1m^3$ 左右的药液。

实施二：为解决三效罐气管从单效罐气管分支问题，从总气管分出一根气管供三效罐用，见图 7、图 8。

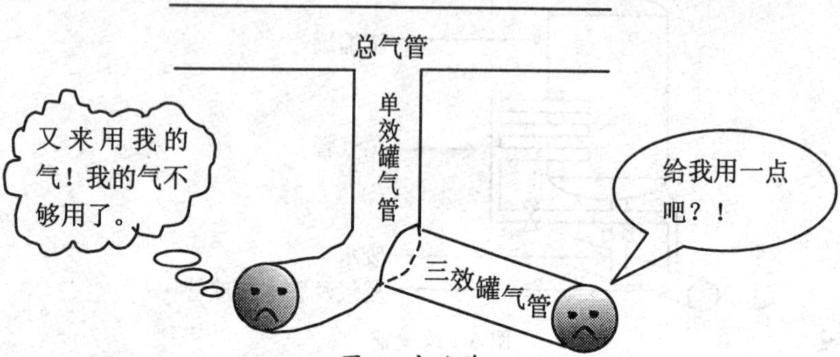

图 7　实施前

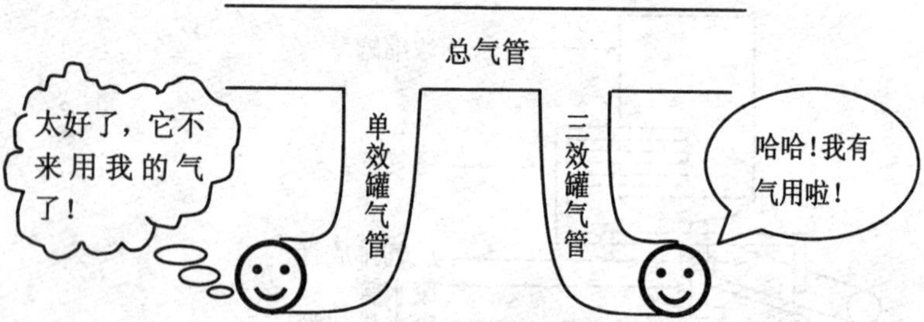

图 8　实施后

实施后，我们对浓缩工序的气压进行了统计，见表 12。

表 12　实施后蒸汽压力实测记录表

日期	3月26日	3月27日	3月28日	3月29日	3月30日
蒸汽压（MPa）	0.12	0.1	0.13	0.1	0.13
平均值（MPa）	0.12				

实施三：对加热器未定期彻底清洗，摸索最佳清洗方法和最佳清洗周期。

1.清洗结垢的方法选择，见表 13

表 13 三种清洗方法对比情况表

序号	清洗方法	清洗效果	效果评价
1	用清水清洗	只能清洗表面污垢，硬垢无法清除	清洗效果欠佳
2	拆洗设备	结垢全部被清除	效果较好，但工作量大，耗时长
3	用特殊洗液清洗	结垢全部被清除	清洗效果很好

因此，我们选择用特殊洗液来清洗加热器。

2.确定加热器彻底清洗周期

加热器经彻底清洗后，我们对其使用情况进行了跟踪检查，见表 14。

表 14 结垢情况实测记录

时间	1 周	2 周	3 周	4 周	5 周
结垢情况	未见结垢	未见结垢	未见结垢	有薄薄一层结垢	有局部小结块

结果表明，连续使用 4 周开始有结垢现象，5 周后加热器上有较多的结垢，所以我们把加热器彻底清洗的周期定为一个月。

实施四：为解决真空管道漏洞问题，我们封堵了管道漏洞，见图 9、图 10。

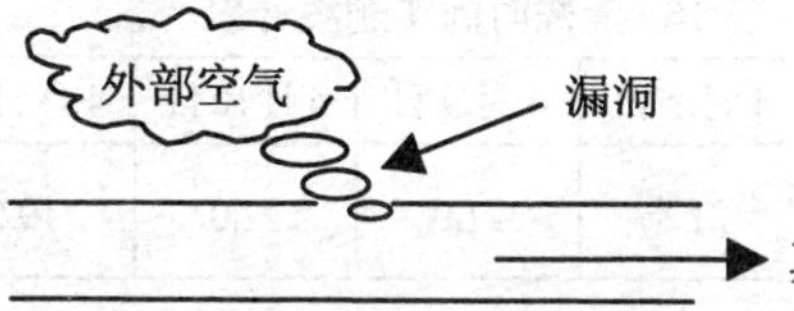

图 9 封堵前：0.05MPa

图 10 封堵后：0.07MPa

实施后，我们对浓缩工序的真空度进行了统计，见表15。

表15　真空度实测统计表

日期	4月5日	4月6日	4月7日	4月8日	4月9日
真空度（MPa）	0.07	0.075	0.072	0.070	0.073
平均值（MPa）	0.072				

实施五：为解决冷水清洗设备耗时长的问题，我们改用热水清洗，见图11、图12。

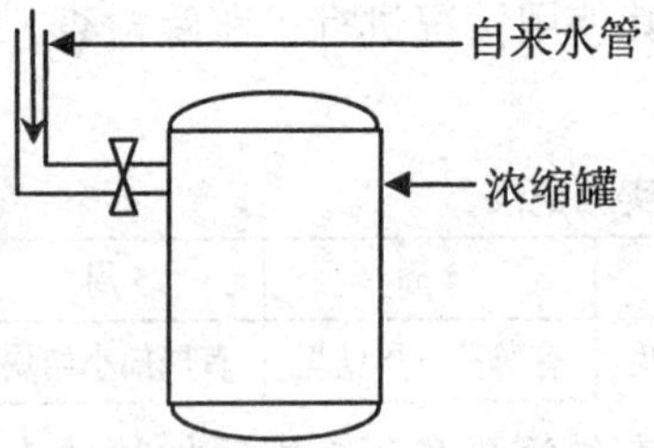

图11　实施前

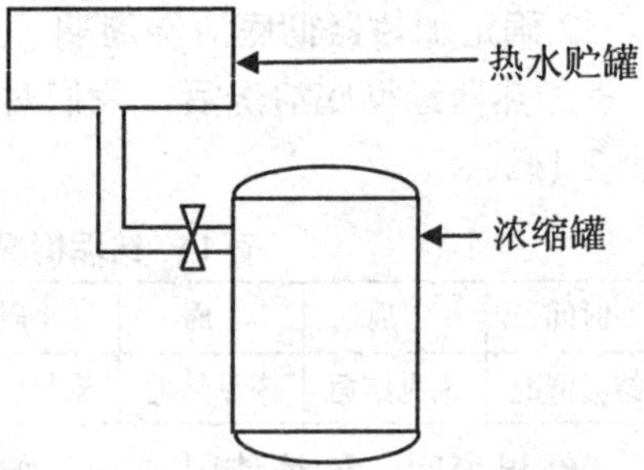

图12　实施后

改用热水清洗设备后，我们对设备的清洗时间进行了统计，见表16。

表16　清洗时间实测统计表

日期		4月8日	4月9日	4月10日	4月11日	4月12日
日平均每次洗罐时间（min/次）		21.5	21.0	22.0	19.5	21.5
平均值（min／次）	实施后	21.1				
	实施前	26				

实施后，每次用热水清洗设备较冷水清洗可节约5min左右。每天浓缩4批药液清洗36次节约出3小时左右，每天多浓缩约$0.8m^3$的药液。

九、效果检查

见表17、图13。

表17 2000年4月10日至4月29日的药液浓缩计量统计

浓缩日期	10日	11日	12日	13日	14日
药液浓缩量（m^3）	60.303	59.220	59.118	61.752	62.777
浓缩日期	15日	16日	17日	18日	19日
药液浓缩量（m^3）	60.322	60.742	61.230	61.586	60.570
浓缩日期	20日	21日	22日	23日	24日
药液浓缩量（m^3）	61.807	60.909	60.293	62.801	61.893
浓缩日期	25日	26日	27日	28日	29日
药液浓缩量（m^3）	62.008	60.888	62.073	62.086	60.759
总计（m^3）	1223.14				
平均值（m^3 / 天）	61.16				

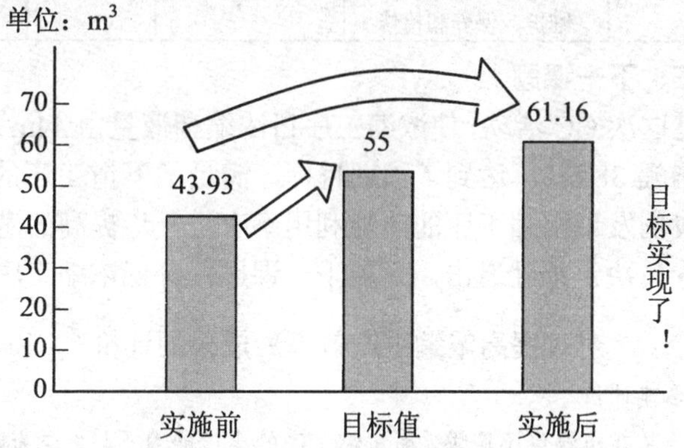

图13 实施前后日平均浓缩量对比示意图

十、效果维持

见表18。

表18 2000年5月至7月的每月日平均药液浓缩计量统计表

生产月份	5月	6月	7月
日平均浓缩量（m^3/天）	60.957	62.002	61.560

十一、效益分析

生产者：生产任务按时完成了。

营销者：履行了供货合同。

顾客：终于又买到三金的产品了。

经营者：这项改进，我们每月多赚了 40 万 RMB。

十二、巩固措施及标准化

把改进的有效措施纳入有关标准，见表 19。

表 19 改进措施纳入有关标准表

类别	内容	标准编号	负责人	完成时间
纳入清洁规程	1.热水清洗浓缩罐 2.用特殊洗液清洗加热器结垢	SJ/J4.4（1048）-2000	××	2000.7
纳入工艺纪律考核条例	3.加强对真空设备的维护、保养和检修		××	2000.7

十三、下一课题

通过这次 QC 活动，使浓缩工序日浓缩药液量由 44m^3 提高到 61m^3，增幅 38.6%，达到了预期目标，满足了下道工序的需求。同时，我们发现浓缩工序的热能利用率有进一步提高的潜力，所以小组成员决定乘胜追击，开展下一课题：降低浓缩工序能耗。

对《提高浓缩生产效率》成果的评价

一、总体评价

主导产品在市场供不应求，而浓缩工序的生产能力不足，成为增加产量的瓶颈。上级要求组织攻关，并下达每天必须浓缩药液 55m^3 的目标。针对该课题，小组进行了认真的调查分析，收集了大量的数据，找到了影响浓缩效率低的主要原因，制定了正确的对策并加以实施，最终达到了攻关的目标，解决了瓶颈问题，取得了很好的经济效益。

该成果解决问题的思路清晰，过程一环紧扣一环，逻辑性好，说明小组活动的过程，是较好地遵循 PDCA 的小组活动程序进行的。从选题开始，一直到效果检查的各个环节，基本上都能用数据说话，充分显示出成果的科学性及可信度。并且对每一条对策实施后的结果，都能与对策表中的目标进行对比，以体现出对策的有效性。因此，该成果是一个具有参考价值的好成果。

二、不足之处

1. 作为指令性课题，由于目标值也是指令性的，因此程序上，在叙述完选题理由之后，就可立即设定小组的活动目标。而现状调查及分析的内容，可放在对目标值的可行性分析中去。

2. 个别要因确认，有欠妥之处。如：确认十二，对“锅炉蒸汽压力波动大”的确认，首先应明确标准，也就是操作气压在多少到多少 MPa 内波动是正常波动，然后进行对各时间段的实测，如果实测值的波动明显大于标准要求的波动时，就应确定是主要原因，如果是在标准要求范围内波动，就可予以排除。而不是因为“只要控制好气压调节阀门，可以保证浓缩生产所需的操作气压”来确定不是主要原因。

3. 经济效益每月多赚 40 万元，如何得出，应有简单的运算过程。

案例 2. 提高膨胀烟丝优良率（现场型）

——××卷烟厂一车间工艺质量 QC 小组

一、选题依据

上级要求 ⇒ 年度质量目标要求膨胀烟丝优良率必须达到 90%

⇓

生产现状 ⇒

1—5 月份膨胀烟丝优良率统计表

时间	1月	2月	3月	4月	5月	平均
优良率(%)	77.68	78.25	77.81	77.70	77.79	77.83

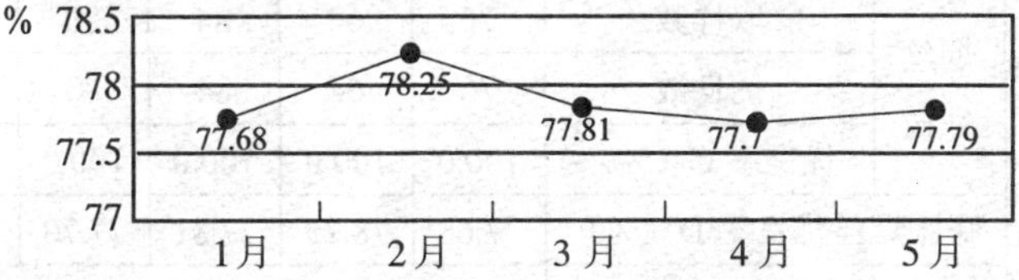

1—5 月份膨胀烟丝优良率折线图

⇓

课题选定 ⇒ 提高膨胀烟丝优良率

二、设定目标

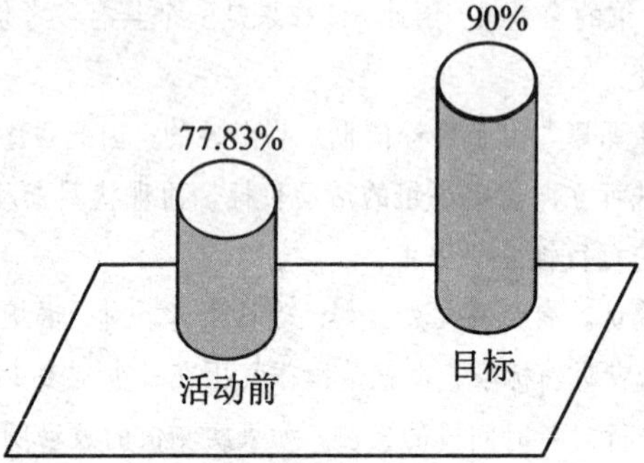

三、对目标的可行性分析

1.掌握现状

对膨胀烟丝优良率进行分项调查，见表 1。

表 1　2001 年 1—5 月份膨胀烟丝分项优良率统计表

项目＼时间		1月	2月	3月	4月	5月	总计
含水率	取样数	380	320	420	400	380	1900
	优良数	168	146	190	180	169	853
	优良率 A（%）	44.21	45.63	45.24	45.00	44.47	44.89
填充值	取样数	380	320	420	400	380	1900
	优良数	380	320	417	397	380	1894
	优良率 B（%）	100.0	100.0	99.29	99.25	100.0	99.68
烟丝结构	取样数	76	64	84	80	76	380
	优良数	76	64	84	80	76	380
	优良率 C（%）	100.0	100.0	100.0	100.0	100.0	100.0
膨胀烟丝优良率 D（%）		77.68	78.25	77.81	77.70	77.79	77.83
备注		膨胀烟丝优良率 D=0.4A+0.4B+0.2C					

2.可行性分析

从统计表 1 可以看出，影响膨胀烟丝优良率的因素有：膨胀烟丝的填充值、烟丝结构和含水率，其中膨胀烟丝的填充值、烟丝结构优良率均可达到 99%以上，而含水率优良率仅为 44.89%，且其影响程度达 40%，因此，可以判定造成膨胀烟丝优良率低的症结是含水率优良率低，在其他条件不变的情况下，提高膨胀烟丝的含水率优良率即可提高膨胀烟丝的优良率。

（1）根据膨胀烟丝优良率的计算公式，D=0.4A+0.4B+0.2C，可推出含水率优良率 A=（D－0.4B－0.2C）÷0.4，根据 1—5 月份统计数据，可计算：A(%)=(90－0.4×99.73－0.2×100)÷0.4=75.27%

这说明，只要将膨胀烟丝的含水率优良率提高到 75.27%，即可使膨胀烟丝优良率达到 90%以上。

（2）先进的 BAT 模式的 CO_2 膨胀烟丝生产线，国内先进厂家使用同样的设备，含水率优良率可以达到 80%左右。

（3）我们小组成员都参与配合设备厂家对 CO_2 膨胀烟丝生产线的调试工作，熟知二次回潮的工艺原理和结构以及控制程序等，具备技术基础。

（4）小组成员都到青岛等先进兄弟厂家参观学习过，了解目前国内同类设备的使用情况。

结论：膨胀烟丝优良率达到 90%是可行的。

四、原因分析

小组针对膨胀烟丝优良率低的症结问题“含水率优良率低”集思广益，分析原因，见图 1。

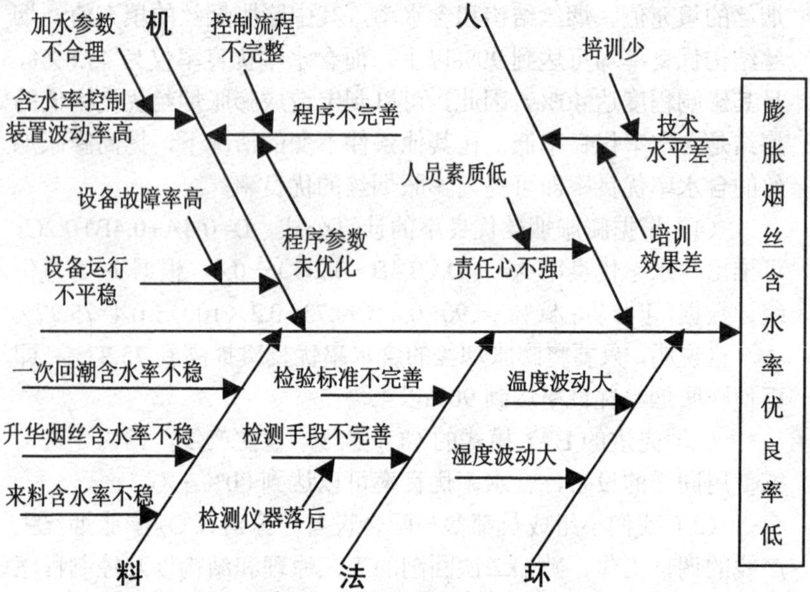

图 1 膨胀烟丝含水率优良率低因果图

五、确定主要原因

为找出主要原因，小组对因果图中的 14 条末端因素进行逐条确认。

末端因素一：培训少

我们组织大型培训 3 次，操作、维修人员人人参加过：1999 年 9 月到兄弟厂培训 18 人；2000 年 3 月到兄弟厂跟班学习 27 人；2000 年 9 月厂内专业培训 58 人。另外，我们还采取自学、研讨等形式对职工进行培训。

结论：非要因。

末端因素二：培训效果差

统计 2001 年 4 月 25 日员工竞争上岗考核成绩，成绩优秀（≥90 分）者 31 人，占 77.5%；80 分以上者 9 人，占 22.5%。职工熟知本岗位的职能和工艺技术标准，熟悉设备的结构与原理，熟练操作设备。

结论：非要因。

末端因素三：人员素质低

1．膨胀烟丝线操作人员是从全厂严格挑选的德才兼备的职工，人员素质高。

2．企业实行劳效挂钩，并强化思想教育，操作人员态度端正，工作积极肯干，认真负责，2001年1—5月份违规或误操作次数为零。

3．2001 年 6 月 4 日，在小组成员的倡导下，支部对膨胀烟丝线 40 名操作工素质进行了测评，见表 2。

表 2　员工素质测评表

得分	70 分以下	70—80分	80—85分	85—90分	90分以上	平均得分
人数	0	6	8	10	16	88
备注	得分 85 分以上为素质高，70—85 分为一般，70分以下为素质低					

结论：非要因。

末端因素四：加水参数不合理

二次回潮采用进口、出口双路加水，双路加水各占总流量的50%，我们于6月5—9日对含水率波动情况进行了调查：波动大，烟丝含水率不稳，见表 3。

表 3　烟丝含水率波动量统计表

日期	取样数	含水率最大值（%）	含水率最小值（%）	平均含水率（%）	波动量（%）	备注
5日	20	16.81	11.16	13.18	5.65	允许波动量 2%
6日	20	16.21	12.33	12.88	3.88	
7日	20	13.61	10.13	12.62	3.48	
8日	20	16.23	11.81	13.02	4.42	
9日	20	15.68	10.87	12.98	4.81	
平均	……	15.71	11.26	12.94	4.45	

结论：是要因。

末端因素五：设备故障率高

我们对设备故障情况进行了调查，见表4。

表4　2001年1—5月份设备故障率统计表

月份	1月	2月	3月	4月	5月	平均
故障率（%）	1.78	1.82	1.72	1.88	1.80	1.80

年故障停机率不高于1.8%（允许故障率3%）。

结论：非要因。

末端因素六：程序参数未优化

生产中发现，改变控制程序中PID参数时含水率波动量变化明显，见表5。

表5　程序参数变化时含水率波动情况统计表

试验序号	程序参数	取样数	波动区间（%）	波动量（%）
1	3、1、4、3	20	11.88—16.20	4.32
2	2、1、4、3	20	11.22—14.75	3.53
3	2、1、2、3	20	11.86—14.14	2.28
4	3、1、2、3	20	11.47—14.53	3.06
…	…	…	…	…

结论：是要因。

末端因素七：控制流程不完整，见图2。

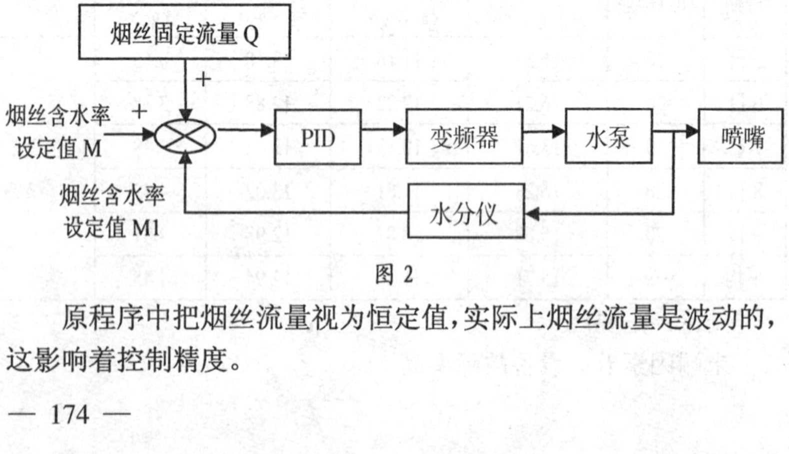

图2

原程序中把烟丝流量视为恒定值，实际上烟丝流量是波动的，这影响着控制精度。

结论：是要因。

末端因素八：来料含水率不稳，见表6。

表6　来料含水率统计表

月份	3月	4月	5月	总计
取样数	220	210	230	660
合格率（%）	99.27	97.62	99.00	98.63
平均含水率（%）	19.99	20.08	20.06	20.04
备注	标准为（20±1）%			

对每批来料烟丝进行检验，含水率达到工艺标准（20±1）%。

结论：非要因。

末端因素九：一次回潮含水率不稳，见表7。

表7　一次回潮含水率统计表

月份	3月	4月	5月	总计
取样数	220	210	230	660
合格率（%）	100	99.05	100	99.68
平均含水率（%）	24.02	24.01	23.99	24.01
备注	标准为（24±1）%			

一次回潮含水率控制在标准（24±1）%范围内。

结论：非要因。

末端因素十：升华烟丝含水率不稳，见表8。

表8　升华烟丝含水率不稳统计表

月份	3月	4月	5月	总计
未取样数	220	210	230	660
合格数	220	210	230	660
合格率（%）	100	100	100	100
平均含水率（%）	4.56	4.38	4.31	4.42
备注	标准为（4±2）%			

升华后烟丝含水率控制在:（4—5）%之间，达到工艺标准，能满足本工序工艺要求。

结论：非要因。

末端因素十一：检验标准不完善

我厂检验标准的制定参考了：

1.设备使用说明书

2.检验仪器的精度和能力

3.先进厂家的检验标准

具有一定的先进性和科学性。

结论：非要因。

末端因素十二：检测仪器落后

我厂的检验仪器是2000年购置的、德国产的先进设备，经计量部门确认，均达到其精度标准，准确可靠，运行稳定。

结论：非要因。

末端因素十三：温度波动大，见表9。

表9 温度变化抽查表

时间 温度℃ 日期	4:00	6:00	8:00	10:00	12:00	14:00	16:00	18:00	20:00	标准
6月6日	24.8	24.8	25.2	25.0	25.2	25.2	25.0	25.0	24.8	25±2
6月7日	25.0	24.8	25.0	25.2	25.1	25.0	25.0	25.2	24.8	
6月9日	24.9	25.0	25.0	24.9	25.1	25.2	24.9	25.0	25.0	

结论：非要因。

末端因素十四：湿度波动大，见表10。

表 10　湿度变化抽查表

日期＼湿度%＼时间	4:00	6:00	8:00	10:00	12:00	14:00	16:00	18:00	20:00	标准
6月6日	60	60	60	59	59	59	60	60	61	60±5
6月7日	60	60	60	60	60	59	59	60	60	
6月9日	60	60	60	59	60	60	59	59	60	

结论：非要因。

经过逐条认真调查，我们确认造成膨胀烟丝含水率优良率低的主要原因是：

（1）加水参数不合理。

（2）控制流程不完整。

（3）程序参数未优化。

六、制定对策，见表 11

表 11　对策表

序号	要因	对策	目标	措施	地点	责任人	完成时间
1	控制流程不完整	完善程序	采集烟丝流量信号，并确定延时参数	1.采集热端电子皮带秤的流量信号 2.确定适宜的延时时间	现场	×××	2001.6.28
2	加水参数不合理	调整加水参数	设定最佳加水参数	1.进出水流量设置为单动，适当加大进口设定加水比例 2.出水口流量设置为联动，适当减小出口加水比例，减少调整波动幅度	现场	×××	2001.7.12
3	程序参数未优化	优化程序参数	确定最佳程序参数	根据对二次回潮加水原理的分析，结合生产经验，优化控制程序 PID 参数	现场	×××	2001.7.20

七、对策实施

对策实施一　完善程序

☻采集热端电子皮带秤流量信号，引入二次回潮控制程序。

☻经多次严格计时测试，流量信号延时250秒最为适宜。

将流量信号同水分仪信号一起调节泵水量，见图3。现场测试，检验样品在250秒后能准时到达二次回潮机入口，二次回潮准时动作。

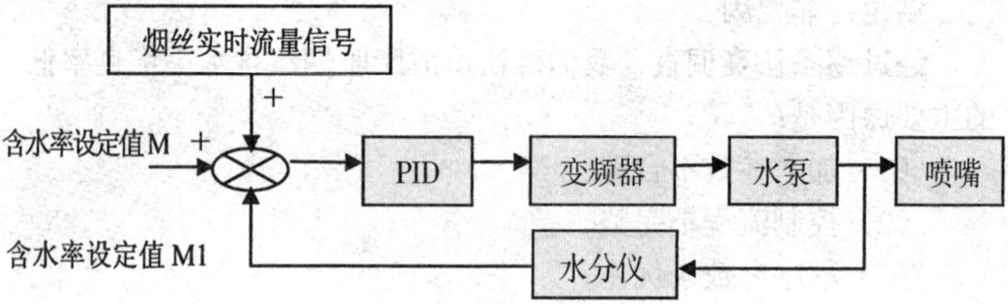

图 3

对策实施二　重新调整加水参数

☻根据生产经验，调整进出口加水参数，确定合适的比例，见表12。

设定为进口占65%（加水流量为45 L/h）；出口占35%（加水流量约为27 L/h）。

表12　调整进出口加水比例时含水率波动情况统计表

测试时间	7月1日	7月2日	7月3日	7月4日	7月5日	7月6日	7月7日	7月8日	7月9日
进出口加水比例	30:70	35:65	40:60	45:55	50:50	55:45	60:40	65:35	70:30
平均含水率（%）	13.09	13.21	12.99	13.00	13.12	13.05	12.99	13.06	13.18
含水率波动量（L）	4.18	4.56	4.23	3.86	3.61	3.06	2.68	1.81	2.18

对策实施三　合理调整程序参数

☻根据对二次回潮加水原理的分析，结合生产经验，调整程序参数，共试验18次，见表13。

表 13　程序参数变化时含水率波动情况统计表

验序号	程序参数	取样数	波动区间（%）	波动量
1	3、1、4、3	20	11.88—14.70	2.82
2	2、1、4、3	20	11.72—14.45	2.73
…	…	…	…	…
9	2、1、2、3	20	12.16—13.84	1.68
10	3、1、2、3	20	11.74—14.42	2.68
…	…	…	…	…

经现场测试，确定最佳参数为 2、1、2、3。

八、效果验证及效益分析

1．效果验证

小组于 8 月中旬至 10 月份对活动效果进行了验证，见表 14、图 4、图 5。

表 14　活动后膨胀烟丝优良率数据统计表

项目 \ 时间		8月中旬	8月下旬	9月上旬	9月中旬	9月下旬	10月上旬	10月中旬	10月下旬	总计
含水率	取样数	100	160	100	160	100	60	120	140	940
	优良数	78	127	77	124	78	47	95	110	736
	优良率A（%）	78.00	79.38	77.00	77.50	78.00	78.33	79.17	78.57	78.30
填充值	取样数	100	160	100	160	100	60	120	140	940
	优良数	100	159	100	160	99	60	119	140	937
	优良率B（%）	100.00	99.38	100.00	100.00	99.00	100.00	99.17	100.00	99.68
烟丝结构	取样数	20	32	20	32	20	12	24	28	188
	优良数	20	32	20	32	20	12	24	28	188
	优良率C（%）	100.00	100.00	100.00	100.00	100.00	100.00	100.00	100.00	100.00
总评优良率D（%）		91.20	90.80	90.80	90.80	100	91.33	91.33	91.43	91.19
备注		膨胀烟丝优良率 D=0.4A+0.4B+0.2C								

2. 效益分析

☻经过本次QC攻关，膨胀烟丝的含水率优良率达到了77%以上，成品烟丝优良率达到90%以上，完成了预定目标。

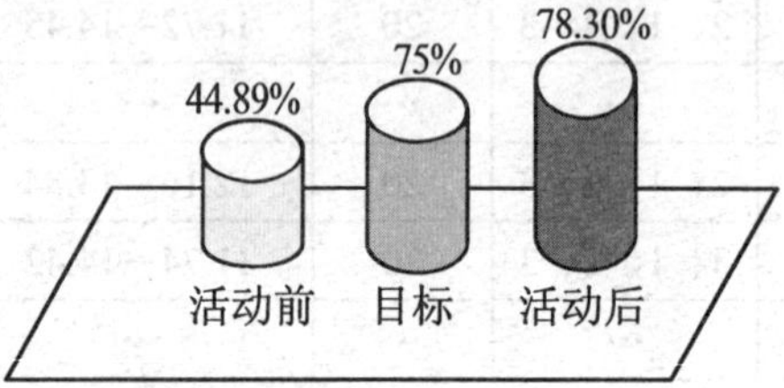

图4 含水率优良率柱状图

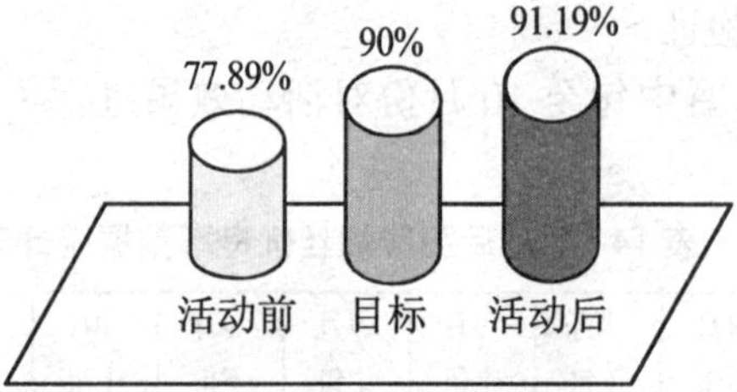

图5 膨胀烟丝优良率柱状图

☻本次攻关后，设备运行良好，整线工艺运行平稳，没有造成质量其他方面的缺失，满足了工艺标准要求。

☻膨胀烟丝含水率稳定性的提高，减少了在线损耗，提高了烟丝填充值，为更好地使用膨胀烟丝、提质降耗、提高卷烟吸食安全性提供了质量保证。

☻通过本次活动，进一步提高了成员的质量意识、问题意识和改进意识，大大增强了成员的团队精神，提高了集体攻关的能力。

九、巩固措施

为了进一步巩固活动结果，小组采取了以下措施：

1. 将加入了烟丝实时流量信号、重新优化后的参数、经过完善后的程序上报设备计量处，经批准后进行了固化。

2. 将优选的加水参数写入工艺规程和操作规程，操作工按照规程进行生产。

3. 在程序中加设密码，由专人负责。

4. 进一步提高整线工艺的稳定性，确保膨胀后烟丝水分稳定。

采取以上措施后，我们小组又于2001年11—12月对膨胀烟丝的优良率进行了统计（统计结果见表 15）。

表 15　2001 年 11—12 月膨胀烟丝优良率统计表

项目 \ 时间		11月上旬	11月中旬	11月下旬	12月上旬	12月中旬	12月下旬	总计
含水率	取样数	140	140	160	120	160	140	860
	优良数	109	112	127	93	124	110	675
	优良率 A（%）	77.86	80.00	79.38	77.50	77.50	78.57	78.49
填充值	取样数	70	70	80	60	80	70	430
	优良数	70	70	80	60	80	70	430
	优良率 B（%）	100.00	100.00	100.00	100.00	100.00	100.00	100.00
烟丝结构	取样数	35	35	40	30	40	35	215
	优良数	35	35	40	30	40	35	215
	优良率 C（%）	100.00	100.00	100.00	100.00	100.00	100.00	100.00
总评优良率 D（%）		91.14	92.00	91.75	91.00	91.00	91.43	91.40
备注		膨胀烟丝优良率 D=0.4A+0.4B+0.2C						

膨胀烟丝的优良率达到 91.40%，其中含水率优良率达到了78.49%。本次攻关取得了成功！

十、下一步打算

我厂膨胀烟丝的填充值与先进的兄弟厂家还有一定差距，我们将《提高膨胀烟丝的填充值》作为下一步的攻关课题。

对《提高膨胀烟丝优良率》成果的评价

一、总体评价

到 5 月份，膨胀烟丝仍没有达到年度质量目标 90%的要求，于是作为指令性课题，要求 QC 小组攻关解决。经小组努力，使膨胀烟丝的优良率从原来的平均 77.83%提高到 91.19%，达到了攻关目标的要求，取得了很好的成绩。

作为指令性课题，其课题及指标是指令的。小组在明确课题及目标后，对能否完成及应从何处着手，在对现状调查，找出症结问题的基础上，进行了可行性分析，然后对症结问题分析原因，并找出主要原因，制订了有力的对策措施并加以实施，最终取得效果，达到目标。思路清晰，符合指令性课题的活动程序。从成果的各个活动环节上可看出基本上都能做到以事实为依据，用数据说话，显示出成果的科学性及可信度。因此，是一个有参考价值的较好成果。

二、不足之处

1. 原因分析中有部分原因没有分析到可直接采取对策的程度。如“检验标准不完善”“控制流程不完整”“程序参数未优化”等。

2. 正由于原因没分析到可直接采取对策的程度，因此在对策表的目标栏中未明确要达到的具体要求（数据），从而在每条对策实施完成后，不能即刻确认并明确说明是否已达到了预定的对策目标。

案例 3. 缩短信息处理时间（服务型）

——××寻呼台 QC 小组

企业简介

我们是××省××市邮电局的直属企业，担负着为近 3 万用户单向传送信息的通信业务，我们的工作宗旨是“用户第一，质量第一”。

小组概况

小组名称：××寻呼台 QC 小组	成立时间：1993 年 3 月 2 日
QC 小组成员：7 名（女：6 人，男：1 人）	
QC 小组平均年龄：29 岁（最小 20 岁，最大 40 岁）	
QC 小组活动时间：（√）工余时间，（ ）工作时间	
QC 小组会议：每月 4 次，每次 60 分钟	
本次报告之前，我们小组已经完成了两个课题	

选题理由

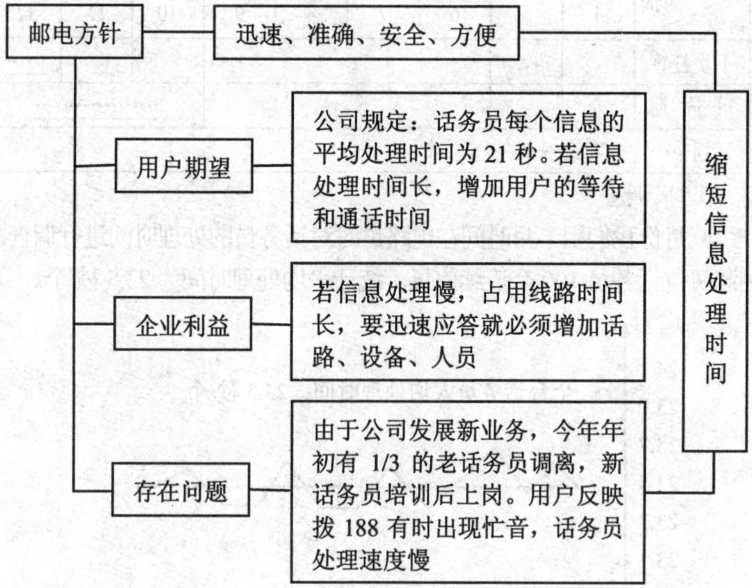

活动计划

活动计划表

内容＼时间	4	5	6	7	8	9	10	11	12
现状调查	……								
活动目标	……								
要因确认		……							
制定对策		……							
组织实施			……	……	……	……			
效果检查							……		
巩固措施								……	
遗留问题									……

续表

内容＼时间	4	5	6	7	8	9	10	11	12
下步打算									……
巩 固 期							…………………		
计划……　　实施——									

现状调查

4 月份我们用半月时间在电路忙时对话务员的处理时间进行调查，抽测每位话务员 100 个连续信息，统计平均处理时间为 23.5 秒/个。

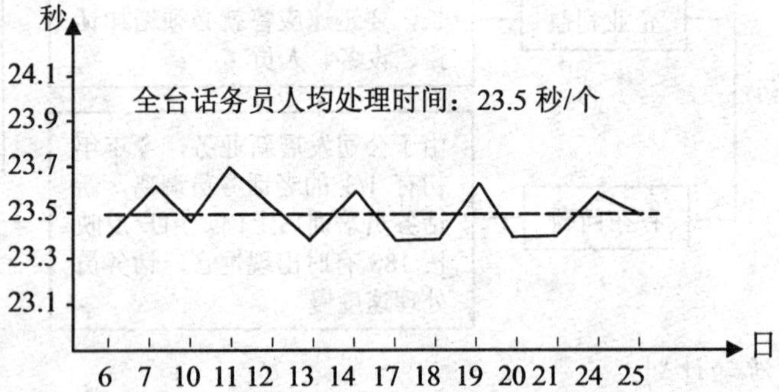

数据收集日期：1995 年 4 月（报告中抽测数据时间排除双休日）

根据调查结果，我们按话务员的不同处理时间：19 秒完成为优秀，21 秒为达标，其他为不达标进行分等，结果如图所示：

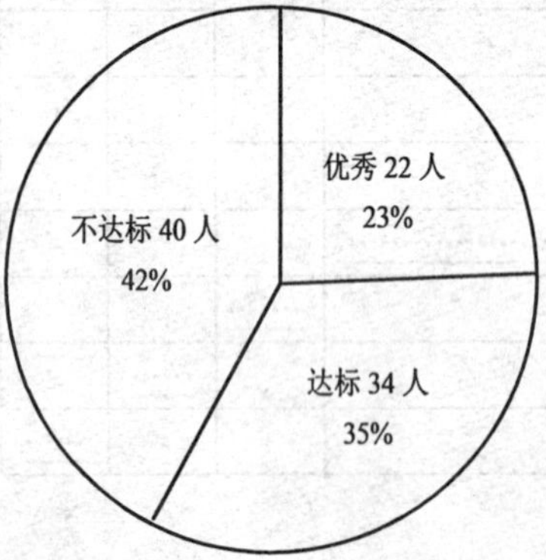

实施前话务员信息处理时间饼分图

在对话务员处理时间的分析当中，我们发现：最快和最慢话务员的平均处理时间差了近 10 秒。如果我们通过小组活动使不达标的话务员处理时间提高到公司规定标准，全台的平均处理时间可以缩短近 3 秒。

活动目标

目标

缩短信息处理时间3秒/个，由现状的23.5秒/个下降到20.5秒/个。

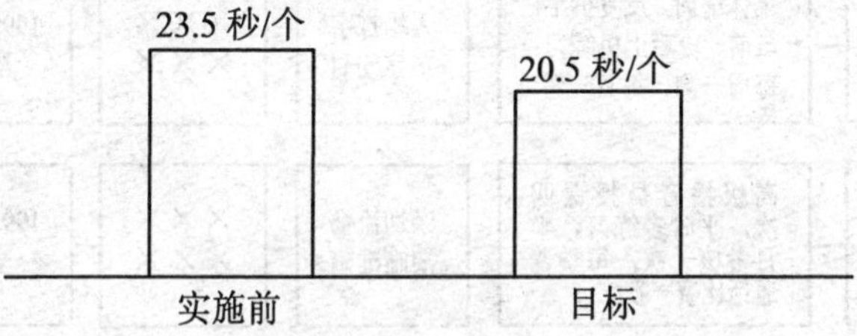

活动目标柱形图

原因分析

为了找出话务员处理信息时间长的主要原因，我们用关联图进行逐项分析。

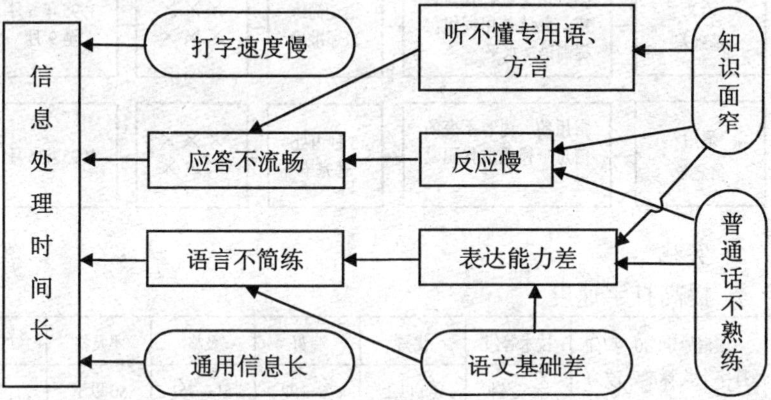

关联图

根据关联图原理我们确认以下5条原因为主要原因：

（1）打字速度慢

（2）普通话不熟练

（3）知识面窄

（4）语文基础差

（5）通用信息长

制定对策

主要原因	对策	目标	负责人	完成时间
打字速度慢	集体培训，反复拆字；班前、班后上机练习；每周一测，每月一考	人均打字76字/分钟	××× ×××	1995年6月至9月
普通话不熟练	高级播音员授课四次，平时多练习，半月考核一次，每季普通话比赛一次	亲切流畅清晰准确	××× ×××	1995年6月至9月
知识面窄	广泛取材，每周培训；参观学习，增加知识；每周一考，再错重罚	反应敏捷对答如流	××× ×××	1995年6月至9月
语文基础差	举办语文基础知识讲座，熟练使用词组，提高语文水平	语句简练表述准确	××× ×××	1995年6月至9月
通用信息长	常用的、内容不变的信息一律改成代码发送	5秒内处理完毕	××× ×××	1995年6月

实施

提高打字速度

取消原定30字/分钟打字上岗标准，改为50字/分钟。开展打字达标竞赛，三名小组成员任教师，对已上岗的不合格者进行强化培训，限期达到及格标准，否则下岗。每周一测试，每月一考核

技术等级	优秀	良好	及格	不及格	备注
字/分钟	100以上	76—99	51—75	50以下	错一扣五，奖罚以月考核为依据
奖罚	奖50元	达标	力争达标	限期及格	
整改措施	向高效、优质标兵努力	在达标的基础上再提高，争取优秀	班前、班后半小时自我训练提高速度	一月内业余时间平均每日2小时培训	

实施前后话务员达标人数对比：

技术等级	人数（人）	百分比（%）	累计（%）		人数（人）	百分比（%）	累计（%）
优　秀	6	6	6		21	22	22
良　好	38	40	46	提高速度	51	53	75
及　格	35	36	82	→	23	24	99
不及格	17	18	100	技术达标	1	1	100
合　计	96	100	100		96	100	100

实施后有一名话务员因达不到及格标准而被调整岗位，人均打字速度达到80字/分钟。

讲好普通话

内容	次数	方法	人/次	改进程序
举办讲座	7次	请市电台高级播音员授课4次，本公司教员讲授3次	256	全台95名话务员有61人一次通过考试，其余34人在以后的3次考试中也先后通过
强化训练	每天	练口型、发音、纠正错误，朗读文章	全体	
考试	4次	规定文章、自选文章提问、个人自由谈	全体	
比赛	5次	每月1次普通话比赛，七一、国庆演讲比赛	72	

拓宽知识面

有丰富的常识对话务员缩短信息处理时间是非常重要的，为此我们搜集了大量的资料编制教材组织学习，并采取了让每个话务员业余时间走、看、听、学、测的办法。

走	到各街道、商店、宾馆走一走，熟悉环境
看	到商店、市场多处看一看，熟悉商品
听	听介绍，了解产品名称；听录音，熟悉各种方言土语
学	每周两次班后集体学习1小时，掌握各种专业名词、交通、地理等常识
测	每周测试一次，凡考过的内容再出错加倍处罚

提高语文水平

> 进行系统的语言训练，对常出现的不规范语句进行标准化处理，实施期间举办三期语文基础讲座，每期两次，话务员全部参加。

质检人员每半月对检查出的使用语句不合理的情况进行讲评、纠正。每个班次上的生词、不熟悉的术语等必须经过下面的处理过程：

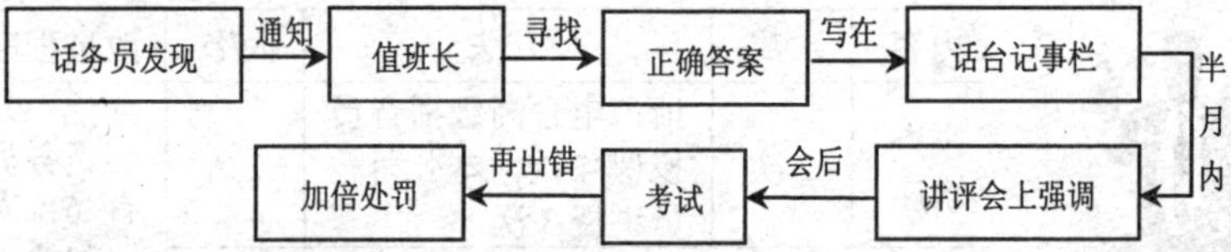

通用信息改为代码形式

有一些信息是固定的，对大家都适用的，如试机、叫醒服务等，字数偏多，处理时间长。我们对 10 名话务员每人连续处理的 1000 个信息内容调查统计，其中常规信息和通用信息量及处理时间分别如表所示

内容 类别	信息	占用时间	平均时间
总信息量	10000 个	219285 秒	21.9 秒/个
常规信息	9690 个	205428 秒	21.2 秒/个
通用信息	310 个	13857 秒	44.7 秒/个

我们请技术部同志帮忙编制程序，把通用信息改为代码形式发送。仅此一项使话务员人均处理信息时间每个缩短 1 秒左右。

您好！从现在开始××寻呼台与××寻呼台将竭诚为您服务。祝您万事如意！身体健康！工作顺利！ ××寻呼台	=	代码：SJ
试机信息 45 秒/个		5 秒/个

效果检查

我们对实施前后电路忙时话务员的信息处理时间进行比较。

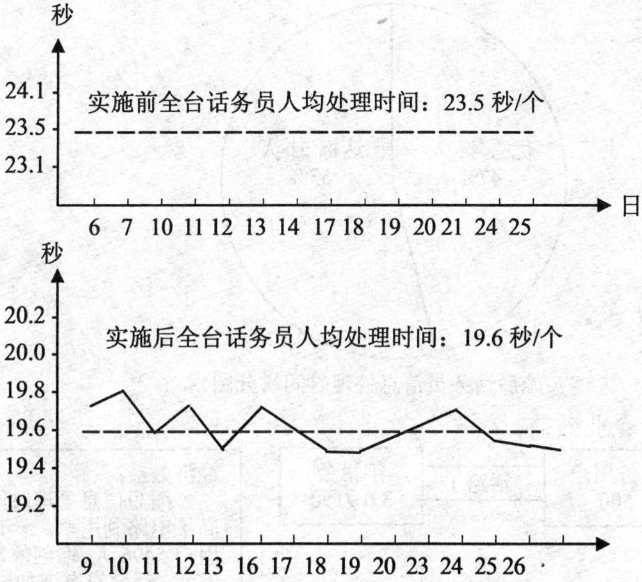

数据收集日期：前，1995年4月；后，1995年10月

实施前后和目标的平均发送时间相比较：

实施结果柱形图

实施后话务员平均处理时间全部达标，47%的话务员处理时间稳定在每个 19 秒内。

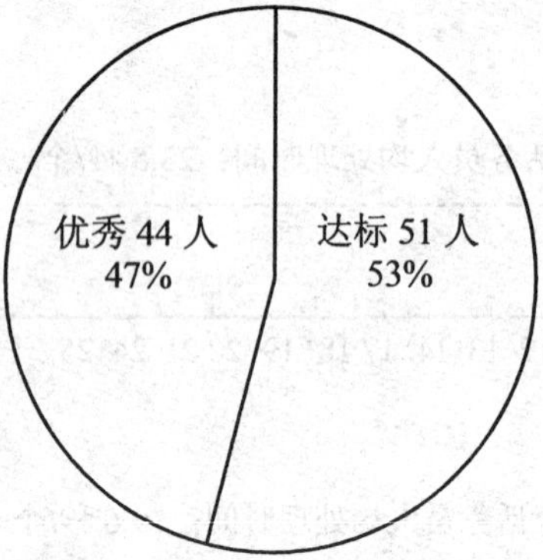

实施后话务员信息处理时间饼分图

企业效益:

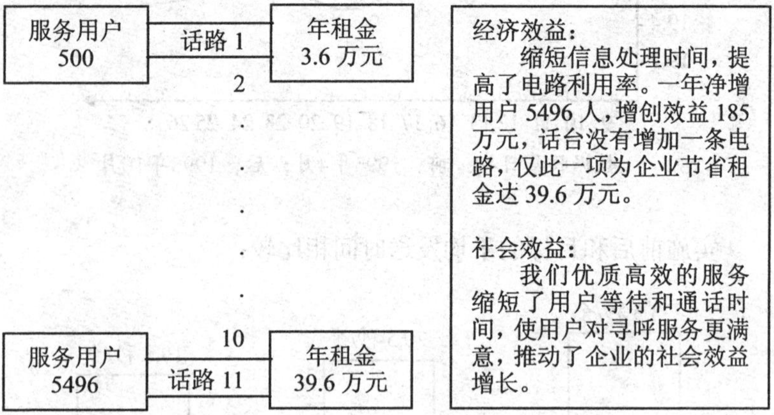

巩固措施

（1）修改话务员上岗打字标准 50 字/分钟。

（2）把用代码发送的通用信息编入学员培训计划。

（3）公开向社会承诺：简明信息 20 秒/个内处理完毕。

（4）提出改进话务员上岗培训办法，公司已批准。

遗留问题及下一步打算:

通过 QC 小组活动解决了话务员信息处理时间长的问题，取得了很好的效果。但我们发现有些话务员为了缩短时间而抢速度、说话快、挂机快影响了服务质量，下一步我们将对缩短信息处理时间后的标准用语和服务质量进行跟踪，保证服务过程的优质高效。

对《缩短信息处理时间》综合评价

一、总体评价

该小组属于服务型。小组成员应用 PDCA 循环，完成了课题目标值，缩短了信息处理时间，使用户更加满意，同时也为企业创造了良好的经济效益。该成果充分体现了“小、实、活、新”的特点。小组活动程序和工具方法应用方面基本正确。

二、不足之处

1. 选题理由太多。有些理由与课题没有直接关系，应简练、直接地说明理由。这个课题的直接理由是：公司规定话务员每个信息的平均处理时间为 21 秒，而现在全台话务员人均处理时间为 23.5 秒，达不到公司规定要求。

2. 要因确认没有依据。并不是所有末端因素都一定是要因，要通过验证才能知道哪些因素是要因。

3. 巩固措施的第 3 条、第 4 条不是对策表中的对策措施，因此也就不是巩固措施的内容。

4. 关联图中“普通话不熟练”与“表达能力差”之间的因果关系有些勉强。

案例4.降低出港航班责任延误率(服务型)

——××地面服务部QC小组

小组概况

小组名称	××服务部QC小组			成立日期	1987年5月
活动情况	每月2—3次	出勤率	98%	类别	现场型
组内职务	姓名	性别	文化程度	工龄	QC教育时间
顾问	×××	男	大学	24	98
组长	×××	男	大专	15	98
副组长	×××	女	大专	17	98
副组长	×××	女	中专	22	98
统计员	×××	女	中专	15	72
组员	×××	女	高中	10	48
组员	×××	男	高中	10	48
组员	×××	女	技校	4	48
组员	×××	女	中专	2	48

服务部QC小组成立于1987年5月，小组成员由室主任、队长及生产骨干组成，小组成员全部获得全国质协颁发的合格证书，为提高服务质量，改善服务工作，我们QC小组积极开展质量管理活动从未间断过，多次被评为市优秀小组，并已连续三年被评为国优小组。

名词解释

出港航班：是指从××机场出发，飞往其他地区或其他国家的所有航班，在此称为出港航班。

正点：根据国际民航组织有关规定，凡在机票规定的时间以前，旅客登机完毕，并关好舱门等待起飞，均视为正点。

延误：凡在机票规定的时间内，未能达到正点要求的均视为延误。延误可分为两类：

(1)不可抗拒：由于天气条件，机械故障，飞机调配，空中管制等造成的延误。

（2）责任延误：由于各种自身原因造成的延误。

♣ 本次活动主要解决由自身原因造成的责任延误。

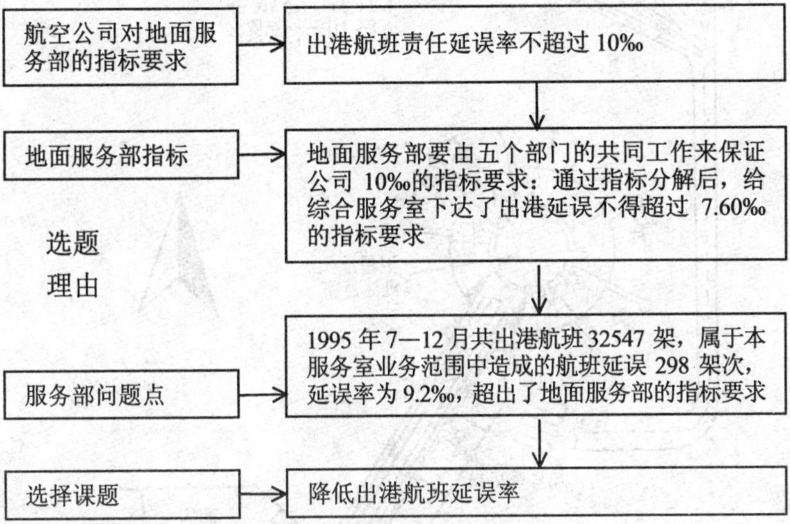

现状调查一

民航事业迅速发展，××航空公司地面服务部面临新的挑战：

（1）航空公司已由 1993 年的 5 家增至 1995 年的 30 家。

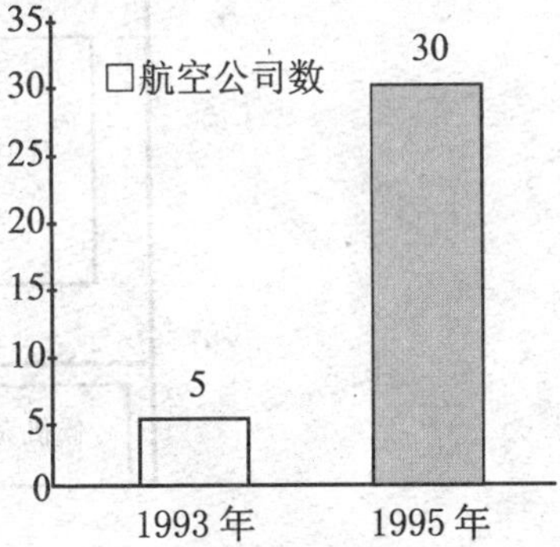

航空公司数量对比

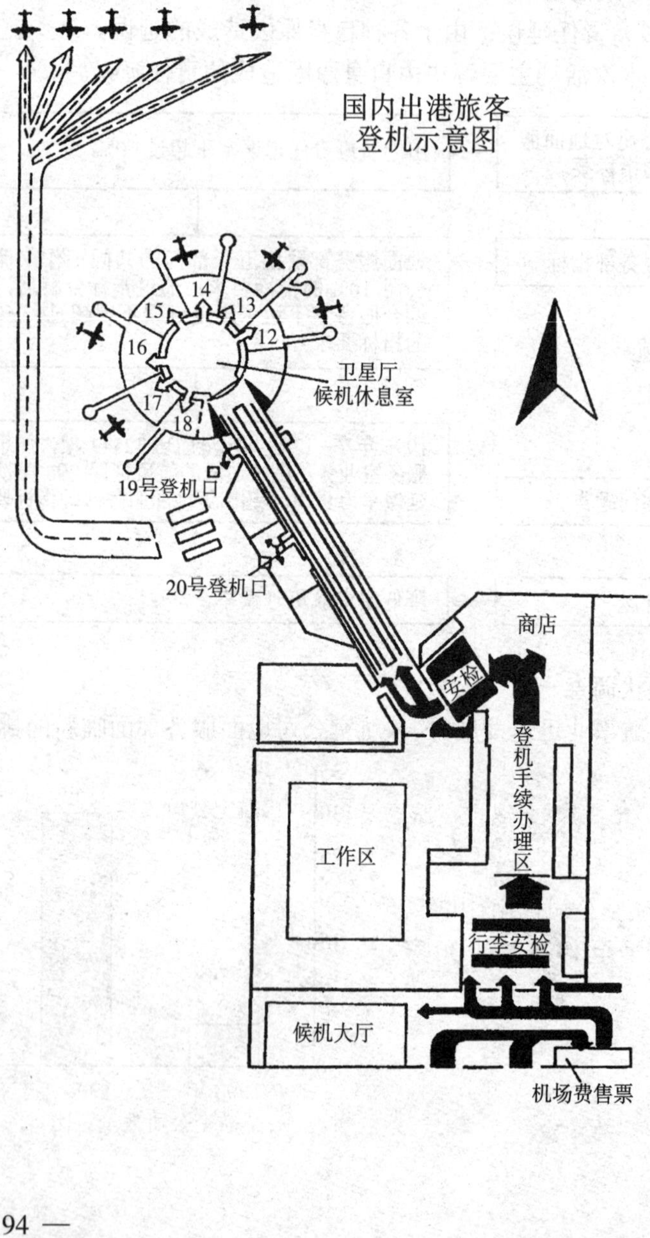
国内出港旅客
登机示意图
14
13
15
12
16
17
18
卫星厅
候机休息室
19号登机口
20号登机口
商店
安检
登机手续办理区
工作区
行李安检
候机大厅
机场费售票

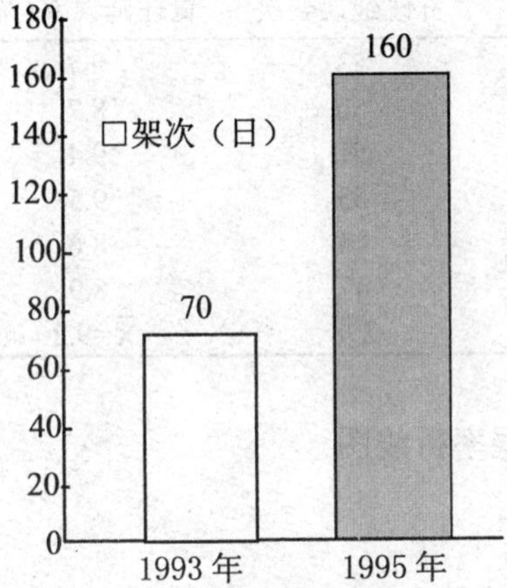

日出港航班架次对比

（2）原机场日出港航班的设计能力为 70 架次，1995 年已达到 160 架次，是设计能力的 2.28倍。

（3）日出港人数由 1993 年 8000 人，到 1995 年猛增至 25000人，是1993年的3倍多。

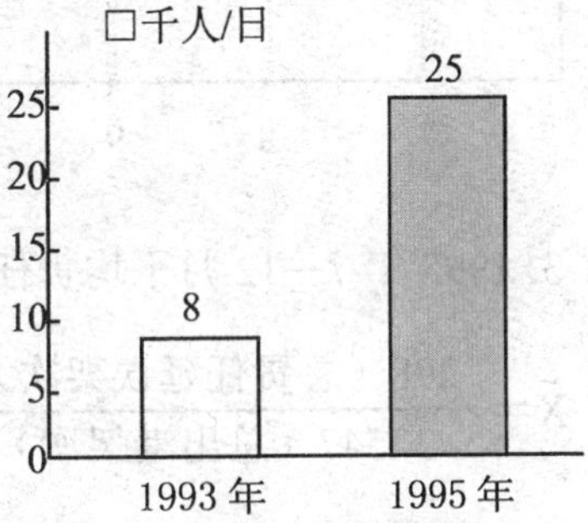

日出港人数对比

地面服务部担负所有从××机场出发航班的场面服务总代理，这些均给××地面服务业务的正常运转带来了很大的困难。

现状调查二

1. 1995 年7—12 月出港的责任延误航班架次调查表

	出港架次	责任延误架次	责任延误率(‰)
7	5448	53	9.7
8	5721	50	8.7
9	5449	51	9.4
10	5573	53	9.5
11	5103	44	8.6
12	5253	47	8.9
总计	32547	298	$\bar{X}$=9.2

2. 1995 年 7—12 月责任延误率折线图

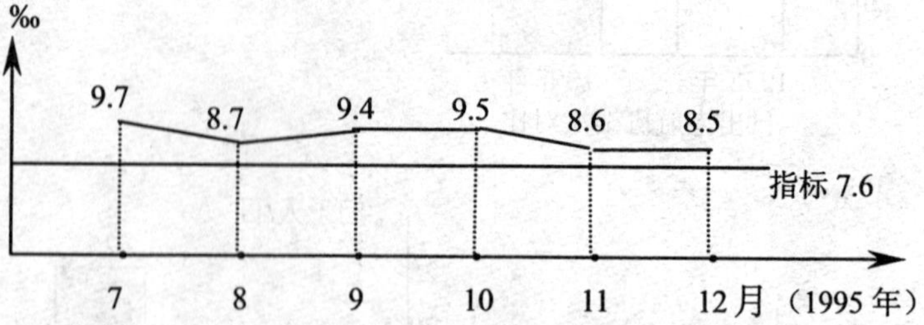

3. 1995 年 7—12 月平均责任延误率

$$\bar{X}=\frac{298\text{（总责任延误架次）}}{32547\text{（总出港架次）}}\times 1000‰=9.2‰$$

超过地面服务部下达的 7.6‰的指标要求。

现状调查三

1995 年 7—12 月责任延误航班项目频数调查表

原因	主要问题	延误架次	百分比
1	找客延误	148	50%
2	等待延误	93	31%
3	其他	57	19%

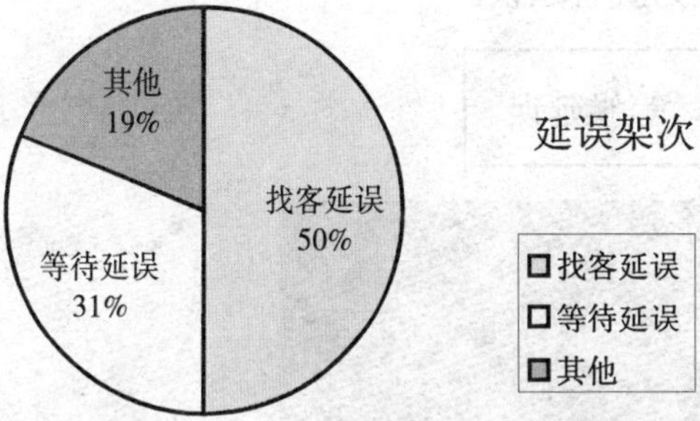

1995年7—12月责任延误航班主要问题饼分图

结论：通过饼分图的分析后认为找客延误和等待延误两项问题占整个责任延误航班架次的81%，是首要解决的问题。

主要问题简介

问题一 找客延误

说明：由于旅客登机前，在候机厅专心看书报、打盹或与朋友聊天、喝咖啡，未能按时到达登机口，则由服务人员到处呼叫，

造成的延误称为找客延误。

问题二 → 等候延误

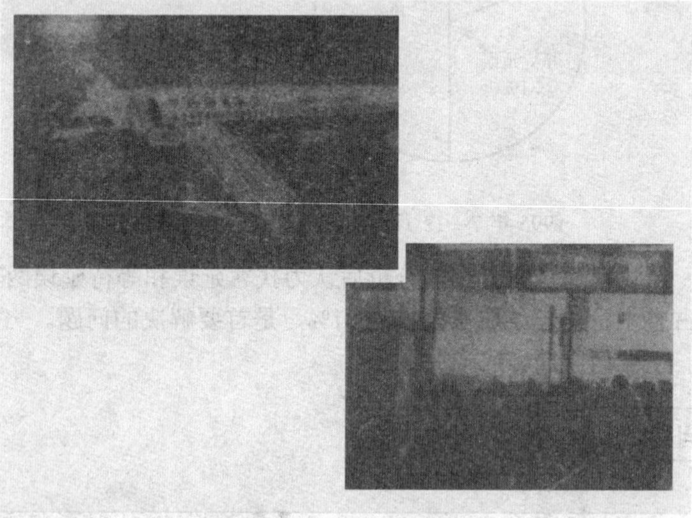

说明：旅客已进入登机口，由于其他原因不能使旅客及时登机，造成的延误称为等候延误。

课题目标

1.目标制定

航班责任延误率：

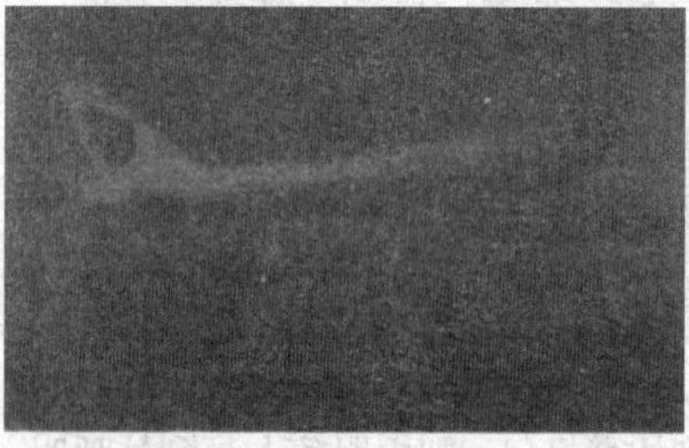

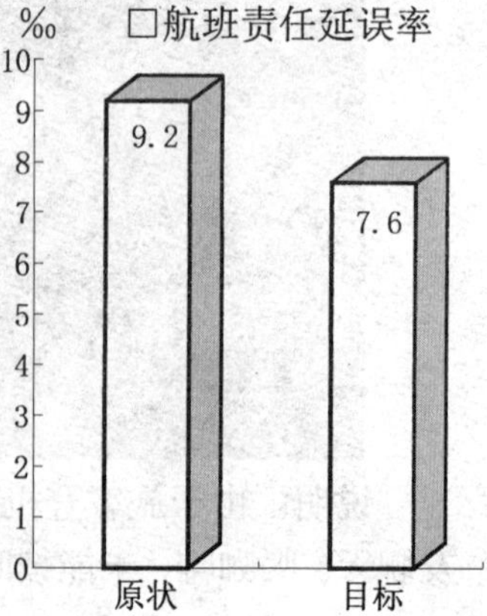

2.目标的可行性分析

（1）航班责任延误率小于7.6‰是地面服务部的考核指标，必须要达到。

（2）上两项主要问题占整个问题的 81%，虽然彻底解决有一定的难度，通过对主要问题的论证，解决其中的50%有较大的把握，通过改进后，能解决总问题的40%左右，实现目标是可行的。

（3）本小组是以有关领导、管理人员及服务人员组成的三结合形式的QC小组，对该问题有较强的解决能力。

原因分析

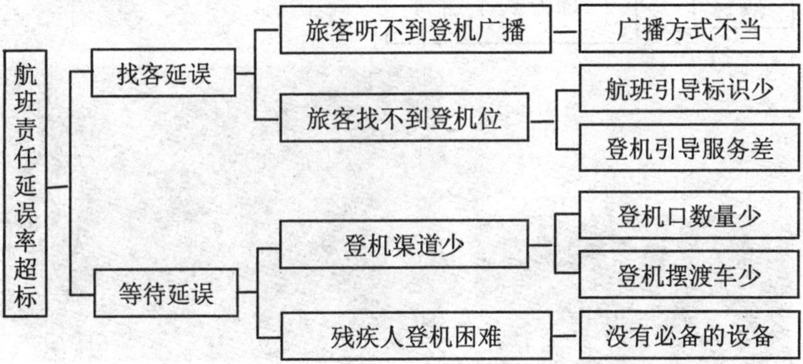

结论：通过小组全体同志的认真分析和讨论后，初步判定的主要因素为：（1）广播方式不当；（2）航班引导标识少；（3）登机引导服务差；（4）登机摆渡车少。

要因确认

序号	要因	确认内容	负责人	日期	结果
1	广播方式不当	在广播时，服务人员到候机厅各角落调查播音效果，调查后明确广播效果差，是由于广播方式不当所致	×××	1996年3月	此问题存在
2	航班引导标识少	目前在旅客登机过程中只有靠廊桥的航班有引导标识，其余近 80%不靠桥的航班无标识，经常造成旅客找不到登机口	×××	1996年4月	此问题存在

续表

序号	要因	确认内容	负责人	日期	结果
3	登机引导服务差	在旅客登机的过程中没有设立专用的引导服务台及专门的人员。经常造成旅客不知在哪个登机口登机	×××	1996年3月	此问题存在
4	登机摆渡车少	调查摆渡车的理论运转时间及实际运转时间。目前摆渡车的能力低，主要原因是车辆少所致	×××	1996年3月	此问题存在

确认1 → 广播方式不当A

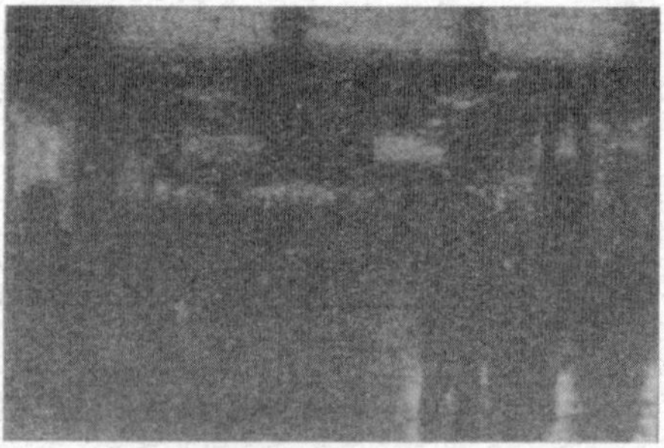

由于候机大厅出港旅客成倍增加，1995年是1993年的3倍多，噪声已由48分贝增至61分贝。原有的中央广播方式已不适应新的情况，致使有很多旅客听不清广播内容，经常造成找客延误。

确认 1 → 广播方式不当 B

分别在出港大厅、安检口、卫星厅内 20 号登机口发放广播效果调查表。

广播效果调查表

各位旅客您们好：

为了确保航班正点，使您能够准时登机，我们将对广播效果进行调查，请您根据下面调查内容打“√”或“×”。

广播内容完全听清：□　　　　广播模糊不清：□

调查结果

地点	发放张数	回收张数	广播内容听不清	所占比例（%）
出港大厅	500	500	417	83.4
安检口	500	500	289	57.8
卫星厅	500	500	489	97.8
20 号登机口	500	500	201	40.2
				平均 69.8%

结论 通过调查近 70%的旅客听不清广播内容，广播方式不当是主要原因。

确认 2 → 航班引导标识少

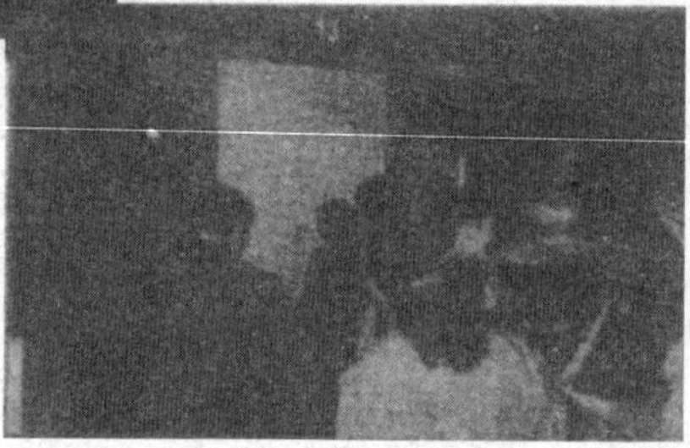

候机卫星厅有7个候车室，凡是从这7个候车室通过廊桥登机的旅客均可以看到航班动态显示牌。但是将近80%左右的航班不靠廊桥，均没有航班动态显示牌。很多旅客因看不到航班动态，经常走错登机路线，造成找客延误。

结论 航班标识少是主要原因。

确认3 → 登机引导服务差

当旅客通过安全检查口后，在登机的全过程中没有设立专门的引导服务台及引导人员。经常造成旅客不知从哪个登机口登机，致使产生找客延误。

结论 登机引导服务差是主要原因。

确认 4 → 登机摆渡车少

地面服务部目前有 10 部摆渡车接送不靠桥的航班旅客。

每天进出港航班的高峰时间为 10：00—14：00，平均旅客客流量为 2 万人左右。每部摆渡车平均往返时间约为：（上客 3min+行驶 4min+下客 3min）×2=20min。

高峰期 4h 即 240min;

每部车往返次数为：240min÷20min=12 次。

每部车一次往返可运旅客 120 人，一部车在 4h 内可往返运送旅客总数为：120 人×12 次=1440 人次。

10 部车 4h 总运量为：1440 人次×10=14400 人次。

根据上述计算，10 部车在 4h 完不成 2 万人的客运登机任务，因此造成了旅客等待延误。

结论 登机摆渡车少是主要原因。

对策计划

序号	要因	对策内容	要求	完成日期	负责人
1	广播方式不当	1.增设区域广播：在原中心广播的基础上又增加了两处区域广播 2.扩大广播内容：在原广播内容的基础上，增加旅客登机位置的广播 3.增加广播频次：每个航班广播由3次增加到9次	让候机厅内的每一个角落均能听到广播	1996.5	×××
2	航班引导标识少	1.制作航班信息板 2.自制航班动态标识牌	做到所有出港航班都有动态标识	1996.4	×××
3	登机引导服务差	1.设立登机引导服务台 2.设立专人负责登机引导	做到每个航班登机均有服务人员引导	1996.6	×××
4	登机摆渡车少	做出可行性方案，向有关部门提出申请，购置5部摆渡车	达到每天高峰期间的需求	1996.6	×××

实施（一）A

要因1 ⇨ 广播方式不当 ⇨ 措施 ⇨

1	增设区域广播
2	扩大广播内容
3	增加广播频次

⇧ 在卫星厅及20号登机厅安装区域广播，将广播范围扩至到安检、商店、

办理登机手续大厅。

⇨原来只广播航班号及目的地；现广播内容增加了登机位置，并直接广播未到旅客的姓名。

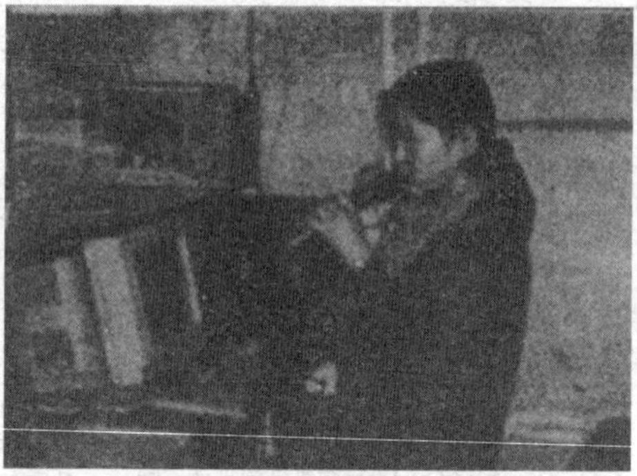

⇧频次由原来的每个航班广播3遍，增加到现在广播6—9遍，有时连续广播直至旅客到齐为止。

结论：候机厅的每个角落都能清楚地听到广播。

实施（一）B

要因1 ⇨ 广播方式不当 ⇨ 措施 ⇨

1	增设区域广播
2	扩大广播内容
3	增加广播频次

⇩

调查结果

1996 年 4 月我们再次发放旅客调查表，分别在出港大厅、安检口处、卫星厅内、20 号登机口处对广播效果进行调查。

地点	发放张数	收回张数	广播内容清楚	所占比例（%）
出港大厅	500 张	500 张	403 张	80.6
安检口	500 张	500 张	378 张	75.6
卫星厅	500 张	500 张	481 张	96.2
20 号登机口	500 张	500 张	494 张	98.8
共计	2000 张	2000 张	1756 张	$\bar{x}$=87.8

结论：候机厅内的每个角落都安装了区域广播，经调查有 87.8%的旅客可以听清广播内容。

实施（二）

要因 2 → 航班引导标识少 → 措施 →

1	制作航班信息板
2	制作航班动态标识牌

⇧ 将不能在显示牌上显示的航班信息，全部写在信息板上。

⇧自制所有出港航班的号码，制作可以随时更换的航班标识牌，将出港信息一并显示在牌上。

结论：所有出港航班都有引导标识，使出港旅客一目了然。

实施（三）

要因 3 → 登机服务引导差 → 措施 →

1	设立登机引导服务台
2	设立专人负责引导

⇧ 在卫星厅内、20 号登机口、安检口处设立引导服务台。

⇦每组设专人（两人）引导出港航班的旅客登机，并负责没有客齐航班旅客的查找。

结论：每个航班登机均有专人引导，使登机时间缩短。

实施（四）

要因 4 ⇨ 登机摆渡车少 ⇨ 措施 ⇨ 增加 5 部摆渡车

高峰期 15 部车 4h 总运量为：

1440 人/次×15=21600 人/次。根据上述计算增加 5 部摆渡车后已可以在高峰期完成旅客登机任务。

结论：达到了高峰期的登机摆渡要求，大大减少了因等待旅客而造成的航班延误。

效果比较

1. 1996 年 7—12 月出港责任延误航班架次调查表

月份	出港架次	责任延误架次	责任延误率（‰）
7	5699	39	6.84
8	6038	43	7.1
9	5775	38	6.6
10	5874	33	5.6
11	5437	36	6.6
12	5539	28	5.0
总计	34362	217	$\bar{X}$=6.3

2. 1996 年 7—12 月出港责任延误率折线图

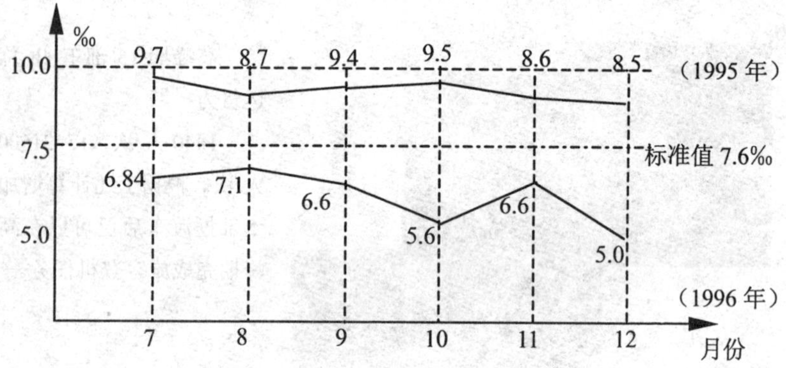

3. 1996 年 7—12 月平均出港责任延误航班率

$$\bar{X}=\frac{217\text{（总延误架次）}}{34362\text{（总出港架次）}}\times 1000‰=6.3‰$$

结论：采取措施后，航班责任延误率达到了地面服务部的指标要求。

效果比较

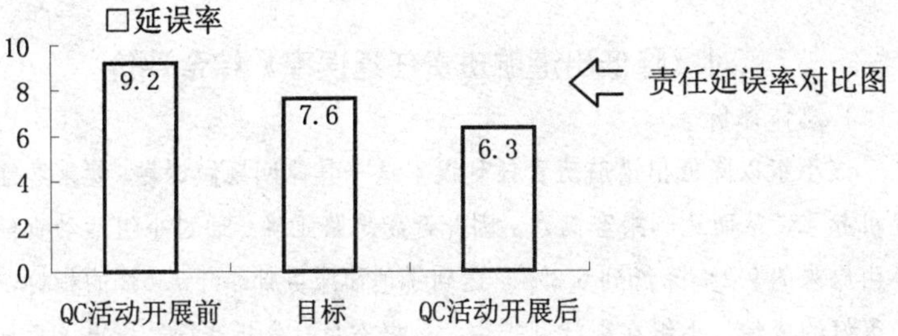

通过具体实施，取得了良好的效果。责任延误率已由活动前的 9.2‰下降为 6.3‰，比目标值下降了 1.3‰。

社会效益

QC 小组活动后有效地改观了我们的服务工作，航班延误率与去年同期相比有了明显的降低，在兄弟单位的共同配合下我们保证了出港航班的正点。得到了广大旅客及上级领导的好评，收到了良好的社会效益。

巩固措施

（1）将增加的有关广播内容和广播次数纳入地面服务部服务标准手册。

（2）将更换航班信息板、航班引导标识牌及引导工作的有关工作内容纳入地面服务工作程序。

（3）将登机引导服务台及服务人员岗位纳入地面服务部岗位定员手册。

体会

此次 QC 小组活动取得了一定的成绩，使同志们尝到了运用科学的方法组织、安排生产带来的甜头，但我们也清醒地看到国际民航企业的竞争和国内航空市场的逐步形成。要想在竞争中立于不败之地，就必须不断提高服务质量，不断改进服务工作。我们 QC 小组全体人员有信心、有决心，从我做起、从现在做起，为民航事业的发展，为民航旅客运输作出新的贡献。

对《降低出港航班责任延误率》综合评价

1.总体评价

该小组以降低出港航班责任延误率这一具体问题做课题，使乘客能准时登机起飞，从而达到乘客满意，因此选题思路正确。通过小组活动责任延误率由原来的9.2‰降低到6.3‰，达到了地面服务部小于7.6‰的指标，取得了很好的成绩。小组在现状调查中，数据充足，分析透彻，找出了责任延误的症结所在，要因确认都能用数据、事实来证实。在每条对策实施后，是否满足对策的要求都用数据来说明，整个课题一环扣一环往下进行，体现出较强的逻辑性，充分体现了“小、实、活、新”的特点。

2.不足之处

确定主要原因要从末端因素中逐条进行确认，初步判定几条再确认，有可能会把主要原因遗漏掉。

案例5.油井井口防盗阀门的研制(创新型)

——××油田××采油厂××管理区××队QC小组

一、选择课题

（一）问题的提出

××管理区××队管辖78口油井，管辖面积15平方千米，辖区地理位置偏僻，大部分地带是沼泽地，有大片芦苇，北面是一大片树林，油井就坐落在它们中间。

近一段时间以来，随着原油价格不断地上涨，管区油井频频发生原油被盗，不但使国家财产遭受损失，同时也造成了井场环境被原油污染。为此，队部下决心要解决原油被盗问题。

（二）原油被盗情况的调查分析

队部1999年1—12月原油被盗记录，见表1。

表1 管理区××队1999年原油被盗情况调查表

序号	井号	时间	盗原油方式	污染情况	原油损失(t)
1	D3-36	99.02.15	从套管放油	井场污染 $20m^2$	1.2
2	GB30X2	99.03.10	从套管放油	井场污染 $15m^2$	1.1
3	34X426	99.03.17	关回压阀门	井场污染 $38m^2$，流程被污染	3.2
4	D3-36	99.04.07	关回压阀门	井场污染 $45m^2$，流程被污染	3.0
5	GB30X2	99.04.13	从套管放油	井场污染 $23m^2$	2.8
6	34-36	99.06.10	从套管放油	井场污染 $20m^2$	1.3
7	D3-36	99.06.10	关生产阀门	采油树、驴头被污染	
8	34X426	99.07.25	从套管放油	井场污染 $15m^2$	2
9	D3-36	99.08.11	关回压阀门	井场污染 $37m^2$，流程被污染	2.5
10	34X426	99.08.18	关回压阀门	井场污染 $29m^2$，流程被污染	
11	34-36	99.09.18	从套管放油	井场污染 $25m^2$	2.5
12	GB30X2	99.09.27	关回压阀门	井场污染 $38m^2$，流程被污染	1.3
13	D3-25	99.09.28	从套管放油	井场污染 $20m^2$	3
14	D3-34	99.10.05	从套管放油	井场污染 $15m^2$	1.1
15	D3-36	99.10.12	关生产阀门	井场污染 $30m^2$，流程被污染	
合计					25

注：表中的原油损失，仅是被区巡逻队和公安分局抓获的盗油分子5次所提供的数据。按此推算，全年被盗15次，被盗原油达25吨以上。

从表1中可知，由于地下油层压力高，具有自喷能力，打开阀门即可出油。因此，盗油分子主要采取打开阀门方式盗窃原油。或者关掉生产阀门（或回压阀门），使原油从盘根盒刺出盗油。

（三）选择突破口

1．提出突破口

针对《如何防止盗油》这一课题，应从何处入手解决，小组运用“头脑风暴法”提出了5个可供选择的突破口。

（1）增加保安巡逻人力。

（2）建造小屋——在每一井口建一小屋，把井口锁起来。

（3）设置报警器——在每一井口设置报警器，盗油分子一动阀门就报警。

（4）研制防盗阀门——使盗油分子打不开阀门，无法盗油。

（5）降低地下油层压力——盗油分子打开阀门，原油不会自喷流出。

2．突破口的分析、评估与确定

小组对5个可供选择的突破口进行了分析、评估，并选定了突破口，见表2。

表2　突破口分析、评估及选定表

序号	突破口内容	分析	评估				综合得分	选定突破口
			可实施性	经济性	预计有效性	不影响其他工作		
1	增加保安巡逻能力	1．易实施 2．费用开支大增 3.能增加当场抓获次数，但阀门一经打开仍会造成现场污染 4．由于地理环境差不易杜绝 5．需油田保卫部门及地区公安部门配合	◎	△	△	△	8	不选
2	建造小屋	1．可实施 2．需一定费用 3．能防盗 4．影响采油作业	○	△	◎	△	10	不选

续表

序号	突破口内容	分析	评估				综合得分	选定突破口
			可实施性	经济性	预计有效性	不影响其他工作		
3	设置报警器	1. 可实施 2. 需较大费用 3. 仍会造成环境污染 4. 要保卫部门密切配合	○	○	△	○	10	不选
4	研制防盗阀门	1. 从未有过，但小组有精通机械的人才，具备研制条件 2. 需一定费用 3. 能防盗 4. 不影响其他工作	○	○	◎	◎	16	选定
5	降低油层压力	1. 难度最大，几乎不可能 2. 费用最高 3. 能防盗 4. 影响采油及测量生产作业	△	△	◎	△	8	不选

表中：◎5 分　　○3 分　　△1 分

（四）确定课题——油井井口防盗阀门的研制

二、设定课题目标

1. 课题目标：在原有阀门功能的基础上，增加防盗功能。

2. 目标值：（1）盗油分子打不开阀门；

（2）自己打开方便，开启时间不超过 5 分钟。

三、对策方案的提出及可行性分析

（一）对策方案的提出

由于市场上从未生产、销售过有防盗功能的阀门，没有可直接借鉴的产品。于是小组召开会议，运用“头脑风暴法”针对“防盗阀门”这个主题，充分提出对策方案。共提出 5 个具体方案，整理成树图，见图1。

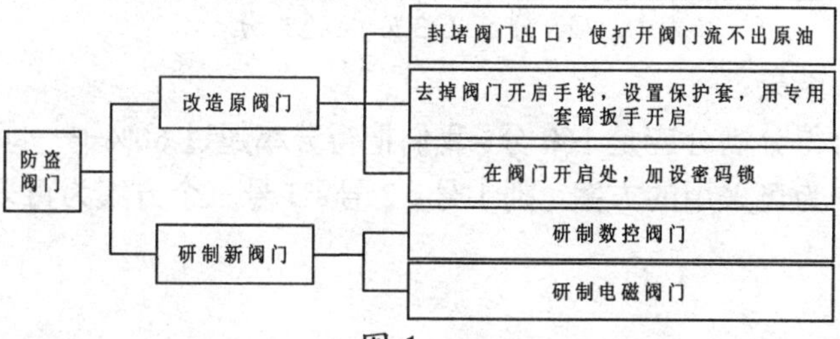

图 1

（二）各对策方案的可行性分析及评估

经过可行性分析，为更好地体现小组活动“广泛的民主性”，由每个成员都对5个对策方案进行评估打分。结果见表3。

表3　各对策方案的可行性分析及评估表

序号	对策方案	可行性分析	评估									综合得分	是否采用
			组员 项目	毛××	马××	李××	王××	魏××	孙××	刘××	李××		
1	封堵阀门出口，使打开阀门也流不出油	1. 简单易行 2. 费用低 3. 需用时间短	难易度	◎	○	◎	◎	◎	◎	◎	◎	136	可采用
			经济性	◎	◎	◎	○	◎	◎	○	◎		
			需用时间	◎	◎	◎	◎	◎	◎	○	○		
			预计效果	○	○	○	△	○	○	◎	◎		
2	去掉阀门开启手轮，设计专用扳手开启	1. 简单易行 2. 费用低 3. 需用时间短	难易度	◎	○	◎	○	◎	◎	◎	◎	130	可采用
			经济性	◎	○	◎	○	◎	◎	◎	◎		
			需用时间	◎	◎	◎	○	○	◎	○	◎		
			预计效果	○	◎	○	◎	△	○	△	○		
3	阀门开启加设密码锁	1. 有一定难度，但有文件柜密码锁可借鉴 2. 要一定费用，但不会很高 3. 要一些时间，但不会很长	难易度	○	○	△	○	○	○	◎	○	128	可采用
			经济性	◎	◎	○	○	◎	○	◎	◎		
			需用时间	◎	○	○	◎	◎	◎	○	○		
			预计效果	◎	◎	◎	◎	◎	◎	○	◎		
4	研制电磁阀门	1. 难度较大 2. 费用较高 3. 需要时间长	难易度	○	△	△	○	○	△	○	○	82	不采用
			经济性	○	○	△	△	○	○	△	○		
			需用时间	△	△	△	○	△	○	△	△		
			预计效果	◎	◎	○	○	◎	◎	◎	○		
5	研制数控阀门	1. 难度大，需外界帮助 2. 费用最高 3. 时间长	难易度	△	△	△	△	△	△	△	△	68	不采用
			经济性	△	△	○	△	△	△	△	○		
			需用时间	△	△	○	△	△	△	△	△		
			预计效果	◎	◎	◎	○	◎	◎	◎	◎		

表中：◎5分　○3分　△1分

评估结果：

综合得分满分应是160分。我们把得分率超过60%——即96分以上作为可采用的方案，则1号、2号、3号三个方案为可采用方案，4 号、5 号两个方案为不采用方案。

（三）确定可采用方案的研制顺序

通过评估，有三个方案均可采用，而这三种方案也有一定的联系，即都是对原阀门进行改造。但三种方案到底哪一个更有效，则都无十分把握，都需通过试验验证，才能明确效果。为此小组决定集中优势兵力打歼灭战，按先易后难的原则，一个一个进行研制、验证其效果。并明确，如果第一方案研制就已经圆满地达到了目标要求，则第二、第三方案就不再进行研制。若第一方案未能达到目标要求，就进行第二方案的研制，第二方案仍未圆满达到目标要求，则再进行第三方案的研制。

三个方案的排队顺序按表 3 中“难易度”的评估得分。因此：

第一方案	在阀门出口设置防盗封堵装置	难易度评估得分 38 分
第二方案	去掉手轮，设置专用扳手开关阀门	难易度评估得分 36 分
第三方案	阀门开启加设密码锁	难易度评估得分 24 分

四、对策与实施

（一）第一方案的研制

1．制订第一方案的对策计划

方案	对策	目标	措施	地点	负责人	完成日期
第一方案	在阀门出口设置防盗封堵装置	1.盗油分子打开阀门，原油流不出来 2.自己打开，用时不超过 5 分钟	1.设计、制造出口防盗封堵装置 2.安装及调试	队部 井口现场	××× ××× ××× ×××	2000 年 2 月 16 日—2 月 23 日

2．按第一方案的对策计划实施

小组对第一方案的具体结构进行讨论，取得一致意见后，用一周的时间，设计制造了封堵阀门出口的防盗装置，见图 2。并用卡箍固定了阀门出口处，见图 3。

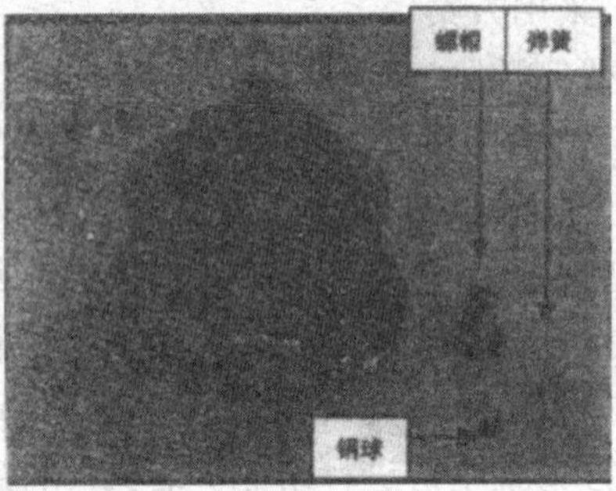

图 2　防盗装置内部结构

图 3　防盗装置安装在阀门出口

3．试验验证

制造、安装、调试完毕后，于 2000 年 2 月 24 日，在井口现场进行试验验证。

验证结果：① 当拧动手轮打开阀门后，原油确实不能流出。② 自己打开防盗阀门，进行液面测试等工作时，用时不超过 2 分钟。

存在问题：发现盗油分子仍然可以用扳手把卡箍螺丝拧下后，再将防盗装置卸下来，进行盗油。

如果不让卸下来，就必须把卡箍螺丝用电焊焊死。焊死后可解决防盗问题，但自己也就无法进行液面测试等工作，液面测试工作见图 4。

结论：未能达到预定目标。

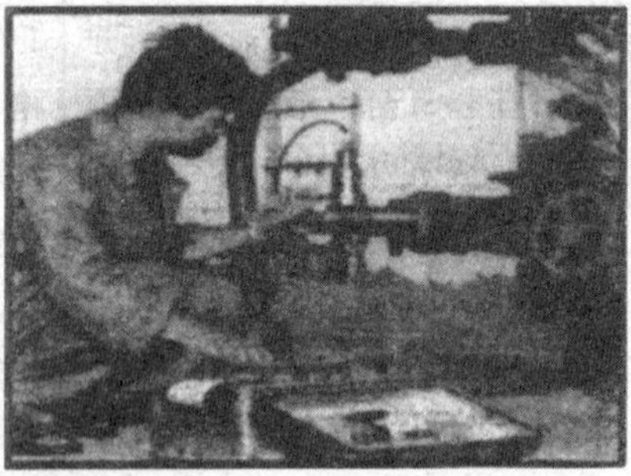

图 4　液面测试工作

（二）第二方案的研制

1．制订第二方案的对策计划

方案	对策	目标	措施	地点	负责人	完成日期
第二方案	改造阀门开关	1.盗油分子无法开启阀门 2.自己开启，用时不超过5分钟	1.去掉手轮，并设置防盗屏障，无法用普通扳手去拧 2.设计制造专用扳手，开关阀门	队部 井口现场	××× ××× ××× ×××	2000年2月26日 — 3月5日

2．按第二方案的对策计划实施

小组用一周的时间，对阀门的开启方法进行了改造。

（1）去掉手轮，在阀门开关处，设置一钢套，作为防盗屏障，以使无法用普通扳手来拧动阀门，见图5。

（2）设计专用套筒扳手来拧动阀门开关，见图6。

图5　防盗屏障示意图

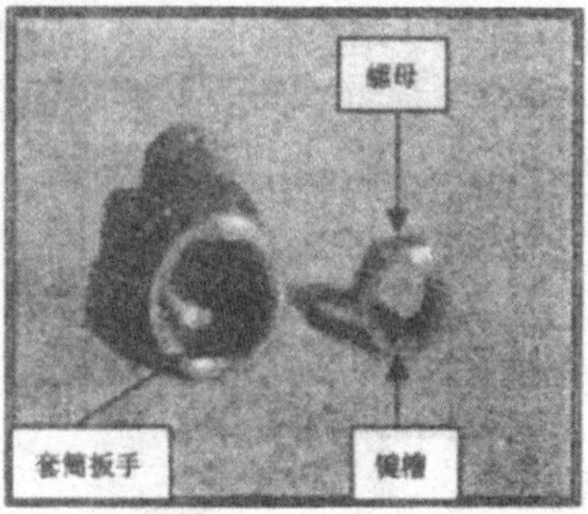

图6　专用扳手示意图

3．试验验证

该方案在设计、制造完成后，于2000年3月5日安装在GB30X2井口阀门上进行试验。

试验结果：①没有专用扳手确实不能打开阀门。②自己打开阀门时间为1分钟左右。③可以进行油面测试等工作。

存在问题：经讨论认为，盗油分子只要具备一点钳工知识，仍然可以自己制造套筒扳手来打开阀门盗油。

结论：仍未达到预定目标。

（三）第三方案的研制

1．制订第三方案的对策计划

方案	对策	目标	措施	地点	负责人	完成日期
第三方案	阀门开关处加设密码锁	1.盗油分子无法开启阀门； 2.自己开启，用时不超过5分钟	1.设计制造密码锁； 2.安装及调试	队部 井口 现场	××× ××× ××× ×××	2000年3月7日 — 3月17日

2．按第三方案的对策计划实施

（1）延用第二方案的防盗屏障及专用套筒扳手，并在此基础上设置一个密码锁封堵，把阀门开关封堵起来不取出密码锁封堵，就不能用专用套筒扳手来开启阀门。

（2）参照文件柜上密码锁的原理，设计、制造了密码锁封堵，见图7、8、9、10。

图7 防盗锁外观示意图

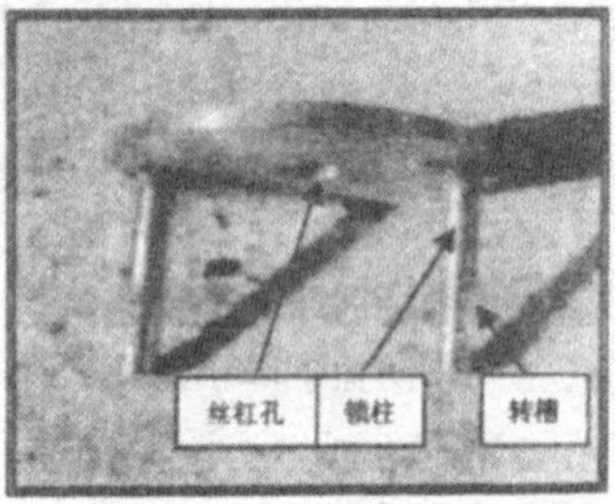

图9 锁芯

图8 密码锁内部结构示意图

图10 锁片

密码锁主要由内外壳、锁芯、压盖、垫片和三个圆形锁片组成；每个锁片的两端各有两个半圆孔，半圆孔的直径比锁芯柱的直径稍大；压盖在锁片的上端，通过螺丝固定在密码锁外壳上；两个锁芯柱外边缘的距离略小于锁片上两半圆孔之间的距离，大于锁片内圆直径；两个锁芯柱的下半部分各有三个槽，两个锁芯柱上转槽之间的距离略小于锁片内圆直径，锁片可以在里边转动；当三个锁片上两边的半圆孔同时对齐并进入锁芯柱时，方可把锁芯取出。

（3）试验验证

2000年3月17日，把安装好的密码锁封堵，安装在GB30X2井口（见图11），并进行试验。

图11　密码锁安装在GB30X2井口阀门上

试验结果：

①该装置把阀门的丝杠完全封闭起来，在不知道密码的情况下，无法打开密码锁取下锁芯，起到防盗作用。

②自己开启阀门，用时在3分钟左右。

存在问题：三个外壳上的固定螺丝必须与外壳焊在一起。如果不焊在一起，盗油分子只要把螺丝卸掉，就可把锁芯取出。新起的作用只能与第二方案相同。但是，一经焊死，上压盖就不能拆卸，所以锁片也就不能再取出来进行维护保养和更换备件。

结论：该方案是三个方案中防盗功能最好的一个，基本上达到了预定的目标，但必须把上压盖的固定问题解决好，才能使防盗阀门的研制取得圆满成功。同时，大家认为，上压盖的固定，通过改进是可以解决的。

（四）上压盖固定问题的改进

针对存在的问题，我们用螺丝固定改成了用丝扣固定上压盖，将密码锁内壳的上半部分和上压盖的内圆都加工成丝扣，压盖通过丝扣直接上在上面。见图 12、图 13。

试验结果：这样改造，既能够进行维护保养，又加强了该密码的防盗性能，通过现场试验，该装置防盗效果良好。图 14 就是改造后的密码锁防盗阀门安装在 GB30X2 井口上。

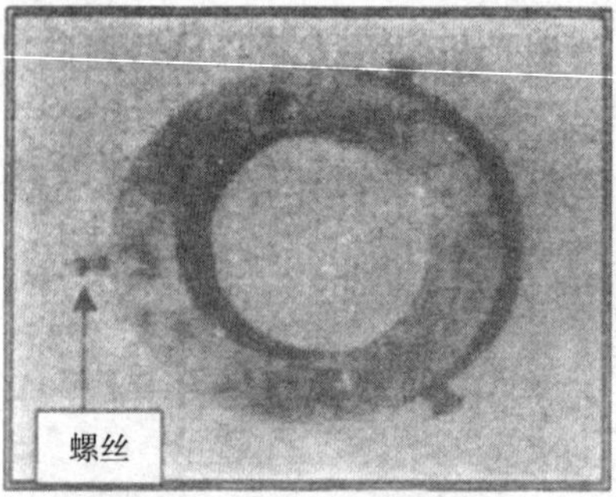

图 12　改进前压盖示意图

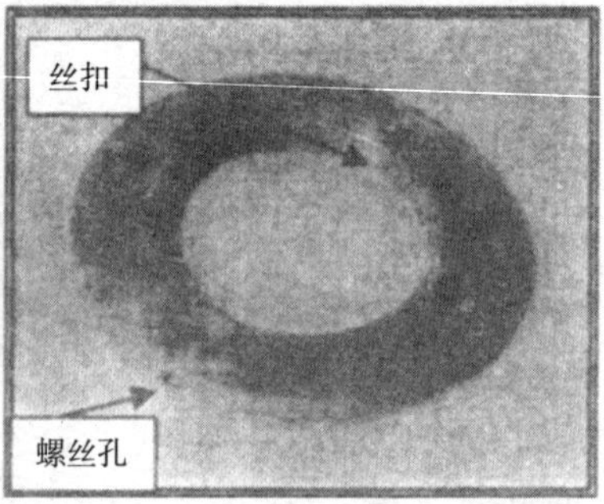

图 13　改进后压盖示意图

图 14

防盗阀门主要由两部分组成：密码锁和专用套筒扳手。

开关阀门时，主要有以下几个步骤：

(1)打开密码锁。通过外壳的小孔拨动里边的锁片使其转动，当三个锁片同时到达自己设定的密码号位置时，把锁芯取出。

(2)把专用套筒扳手套到阀门丝杠的衬套上，转动套筒打开或关闭阀门。

(3)取出专用套筒扳手。

(4)放入管芯，随机转动几个锁片把锁芯锁住。

五、效果检查

(一)与设定的目标对比

1. 对盗油分子打不开阀门目标的确认

2000年3月24日把队中有经验的技术人员及维修钳工都请到现场，请到场的专家及行家里手们试行打开阀门。试验结果，均不能打开，从而使“盗油分子打不开阀门”的目标得到了确认。

2. 打开阀门时间的确认

现场实测开关阀门时间。

打开阀门：

①从外壳上的小孔拨动里边三个锁片，达到设定的密码位置；

②取出锁芯；

③用专用套筒扳手打开阀门。

共用时间：2分40秒

关闭阀门：

①用专用套筒扳手关闭阀门；

②放入锁芯；

③在小孔处随机转动几下锁片。

共用时间：1分10秒

低于不超过5分钟的目标，新颖的防盗阀门诞生了！

(二)现场的应用验证

我们在我队以往经常发生原油被盗的8个井口安装上防盗阀

门后，在 2000 年 4—9 月 6 个月的时间内未发生原油被盗，取得了极明显的效果。

防盗阀门的研制，取得圆满成功！

2000 年 10 月经管理区验收合格，目前已在全区范围内推广，至今未发生过原油被盗现象。

六、取得效益

1．经济效益

（1）该防盗器从设计到完成，单套成本为 265 元，2000 年在我队推广应用 15 套，成本费用为：

F1=265×15=3975（元）

（注：第一方案的研制费用不足 100 元，可忽略不计）

（2）2000 年自在井口阀门上安装使用防盗器以来，从未发生原油被盗现象，与去年相比，杜绝原油损失 25 吨，吨油价格按 1800 元计算，则创效益：

F2=25×1800=45000（元）

（3）自使用该防盗器以来，没有因盗窃原油而造成环境污染，与1999 年相比避免经济损失：F3=5000 元。

综合经济效益：

F=F2+F3-F1=45000+5000-3975=46025（元）

2．社会效益

（1）该防盗器投入使用以来，有效地遏制了原油被盗现象的发生，保证了油井的正常生产。到 2000 年 12 月该装置已在全采油厂范围内推广应用，效果明显。

（2）从方案设计到现场试验，都有职工的积极参与，在亲身体验到创新成果的好处后，极大地提高了职工们对 QC 小组活动的兴趣，为今后的全面质量管理工作创造了良好条件。

（3）该装置也可推广应用于集输、化工等重要管线的阀门上，同时还可以加工成型号大小不同的防盗器，以满足不同阀门的需要。

(4)该成果现已申报国家实用新型专利权，并通过国家知识产权局的专利审查（国家知识产权局的授权通知书略）。

七、巩固措施

1. 把防盗阀门的图纸整理，按制度经有关部门审批后，纳入采油厂统一管理。

2. 我们制定了《阀门防盗器使用操作规程》，并对职工进行操作培训，确保该装置的正确安装与使用。

3. 严格保证密码的保密性，不能对外泄露。

4. 对防盗阀门制定了定期保养制度，防止因生锈而造成操作困难或打不开等情况的发生。

八、下步打算

防盗阀门的研制与使用，创造性地解决了生产中的实际问题，收到了预期效果。在下一次的 QC 小组活动中，我们将以“研制便携式黄油注入器，缩短停井时间”作为活动课题，进行技术攻关。

案例 6. 研究采用提取故障录波数据的新方法（创新型）

——××变电站维护班 QC 小组

一、前言

我局四个 220kV 变电站都装有故障录波器，故障录波器时刻监视着站内 220kV 及 110kV 设备的动态。如图 1 所示，当电网发生故障时，故障

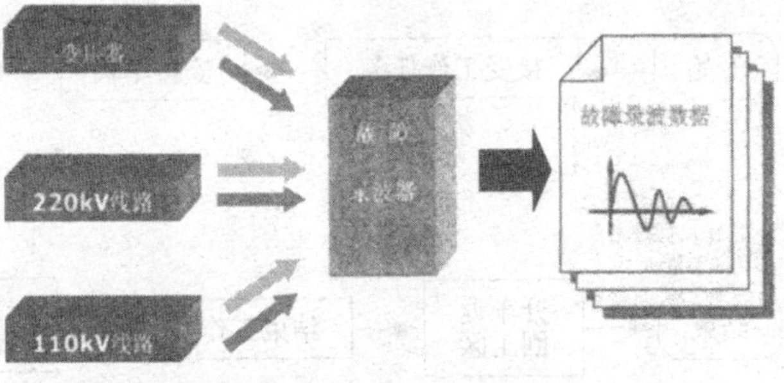

图 1 故障录波器原理示意图

交流量 开关量

录波器就会立刻启动，将故障前及整个故障过程内发生的电流、电压交流量，表示设备动态的开关量变化情况记录下来并生成故障录波数据。而这个故障录波数据是继电保护专业人员分析整个故障的发生、演变及消失的主要依据。

二、小组简介

表1　QC小组概况

小组名称	×××小组	小组注册号		JIQC200018
课题类型	创新型	活动时间		2000.8—2001.2
姓名	性别	文化程度	职称	组内分工
×××	男	高中	技师	组长、全面组织
×××	男	本科	助工	现场实施、采集数据
×××	女	本科	助工	现场实施、采集数据
×××	男	中技	技术员	资料整理
×××	男	本科	工程师	技术指导、协调

制表人：××　　日期：2000.8.3

三、选择课题

1.提取故障录波数据是在故障录波器的后台进行计算机键盘操作，将波形、数据打印出来。工作简单，实际操作时间短（一般只需3—4分钟）。但当电网发生故障时，必须派车、派人到现场提取故障录波数据，耗费较多的人力、物力（见图2）。

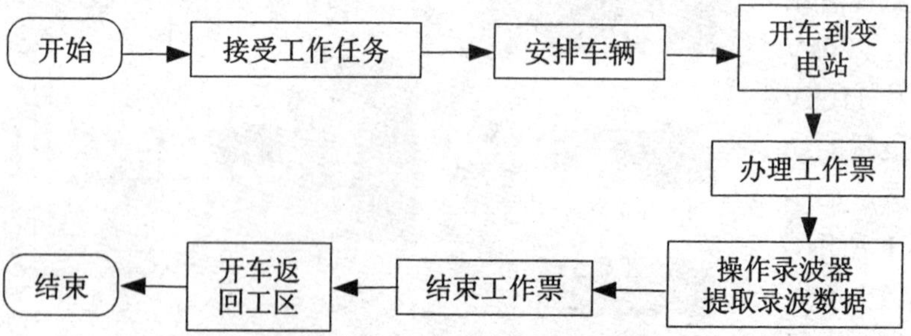

图2　提取故障录波数据的流程图

2. 由于220kV三乡变电站（简称三乡站）离我区的办公地点较远，虽然提取录波器数据实际操作时间不长（仅3—4分钟），但要使继电保护人员得到这些数据，对其进行分析，则大部分时间花在安排车辆、路途和办理开工手续等方面，从而延长了事故分析时间，不能及时排除故障，而影响正常供电（参见表2）。因此，我们选用三乡站为试点，研究采用新方法，让继电保护人员尽快获得这些数据。

3. 我们根据工作票、检修工作单和继电保护工作记录簿所载内容，对2000年2—6月期间到三乡站提取故障录波数据的耗时进行调查。

表2　到三乡站提取录波数据耗时调查表

日期	负责人	提取的文件	耗时（分钟）	平均耗时（分钟）
2000.02.07	×××	110kV三神线故障录波数据	126	121.8
2000.03.09	×××	110kV三坦线故障录波数据	116	
2001.03.31	×××	220kV外乡线故障录波数据	121	
2001.04.07	×××	220kV三凤甲线故障录波数据	127	
2001.05.23	×××	110kV三谷线故障录波数据	128	
2001.06.13	×××	110kV三板线故障录波数据	117	
2001.06.25	×××	110kV三神线故障录波数据	118	

制表人：×××　日期：2000.08.07

若在路途上遇到交通阻塞、下雨等情况，提取故障录波数据的耗时就更长。

4. 很显然，在科技高度发达的今天，人工“登门索取”故障录波数据的方法落后了。我局110kV变电站“四遥”（遥测、遥信、遥控和遥调）的实现，给了我们一个很大的启发：能否研究采用一种利用通信网络实现远方传送录波数据的新方法呢？本小组成员经过讨论，一致认为应把这一想法作为本次QC小组活动的课题。

四、设定目标

快捷、清晰、准确地获取故障录波数据。具体量化如下：

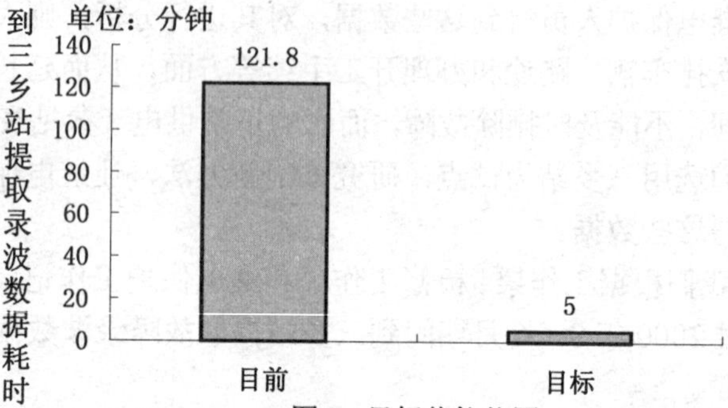

图3 目标值柱状图

利用通信网络取得录波数据,可将原工作流程中的安排车辆、开车到变电站、办理工作票、结束工作票和开车返回工区等环节都省去，使新的工作流程简化如图4所示。由于省去了上述环节，新的工作流程有可能使提取故障录波数据的工作在5分钟之内完成（即相当于提取录波数据实际操作的时间）。

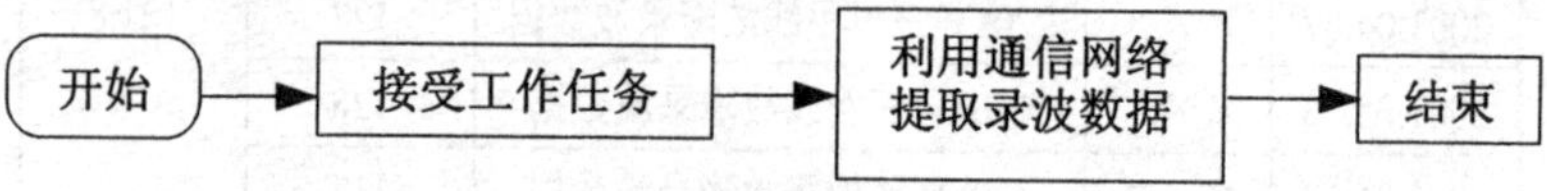

图4 提取故障录波数据的新流程图

五、提出并选择方案

1．提出各种方案

小组成员运用头脑风暴法，围绕实现小组活动目标，提出许多想法和看法，初步归纳成以下三种方案（此处可运用亲和图）。

方案一：运行人员现场打印录波数据，并传真至工区继电保护专业人员。

方案二：运行人员现场提取录波数据（用软盘拷贝至站计算机），再用局MIS系统（基于计算机网络的信息管理系统），以电子邮件形式发给工区继电保护专业人员。

方案三：继电保护专业人员在工区利用电话线实现提取录波数据。

小组成员对上述三种方案逐一进行了试验分析，论证其利弊。

2. 各种方案的试验论证

试验一：在2000年8月9日由运行人员进行了方案一的可行性试验。测试数据如下：

表3 方案一测试数据表

试验人	传送的文件	打印录波数据耗时（分钟）	传真过程耗时（分钟）	合计耗时（分钟）	平均耗时（分钟）
×××	220kV外乡线故障录波数据	4	3	7	8.2
×××	220kV三凤甲线故障录波数据	4.5	3.5	8	
×××	220kV海三乙线故障录波数据	5	4	9	
×××	110kV三神线故障录波数据	5	4	9	
×××	110kV三坦线故障录波数据	4.5	3.5	8	

制表人：××× 日期：2000.08.09

由此看来，方案一虽然简单方便，且有现成设备，但传真机传送录波数据（一般情况下有4页打印纸）过程耗时较长，有时传真字迹模糊不清，效果不好，影响事故分析。方案一不能满足课题目标的要求。

试验二：运行值班人员现场提取录波数据，再用局MIS系统以电子邮件形式发给工区继电保护专业人员。具体方法见示意图：

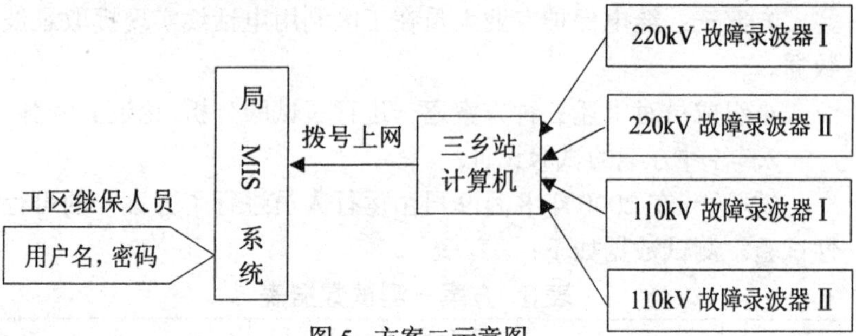

图 5　方案二示意图

在 2000 年 8 月 12 日由运行人员操作进行了方案二的可行性试验，得出测试结果如下：

表 4　方案二测试数据表

试验人	传送的文件	取录波数据耗时（分钟）	上网传送耗时（分钟）	合计耗时（分钟）	平均耗时（分钟）
×××	220kV 外乡线故障录波数据	4	2.5	6.5	6.5
×××	110kV 三谷线故障录波数据	3.5	2.5	6	
×××	110kV 三神线故障录波数据	3.5	3	6.5	
×××	220kV 三凤乙线故障录波数据	4	3	7	
×××	110kV 三坦线故障录波数据	4	2.5	6.5	

制表人：×××　　日期：2000.08.12

从上表看出，与局 MIS 系统连接速度慢，影响目标值的实现。而且局 MIS 系统的主机有定期停用检修的制度，在需要软件升级或系统故障时还要临时停机。但是，变电站的设备故障随时有可能发生，若 MIS 系统出现上述情况就不能保证远方提取故障录波数据的实现。

试验三：继电保护专业人员在工区利用电话线实现远方提取

录波数据。方案三的关键是要有具备远传功能的软件，我们向深圳双合电脑系统有限公司咨询，得知新版本的录波软件已具备远传功能。我们用新录波软件在 2000 年 8 月 20 日利用班里的计算机、Modem、电话进行模拟试验，原理示意图如下：

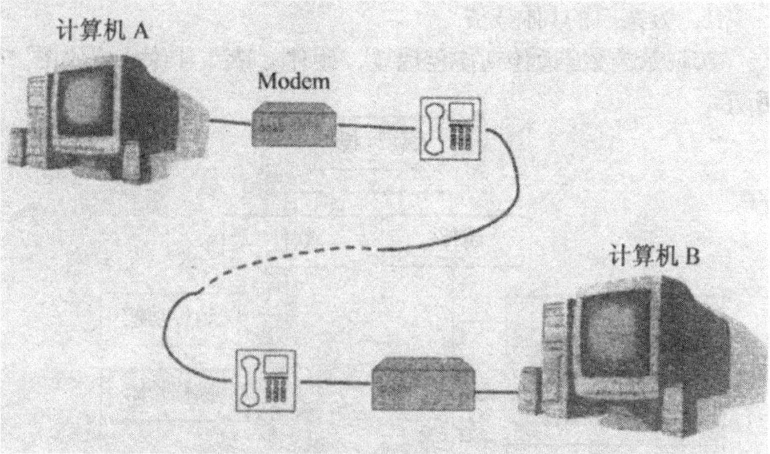

图 6　方案三原理示意图

我们将计算机 A（假设为三乡站故障录波器后台机）硬盘上的故障录波数据传送至计算机 B（假设为工区和计算机）。模拟实验得出的数据见下表：

表 5　方案三测试数据表

试验人	传送的文件	耗时（分钟）	平均耗时（分钟）
×××	110kV 三神线故障录波数据	3.5	4.4
×××	110kV 外乡线故障录波数据	5.0	
×××	110kV 三凤乙线故障录波数据	5.0	
×××	220kV 三板线故障录波数据	4.5	
×××	110kV 三谷线故障录波数据	4.0	

制表人：×××　　日期：2000.08.20

从模拟试验的方法和结果可以看出，继电保护专业人员在工区可以直接提取录波数据，没有中间环节，最安全可靠、最快捷，可以达到预定目标；但是需要增加设备，投入一定资金。这要得到局领导的支持和认可。

六、将方案三具体化并制定对策表

1．方案三的具体分析

实现录波数据远传功能需要软、硬件支持。具体分析如图 7 所示。

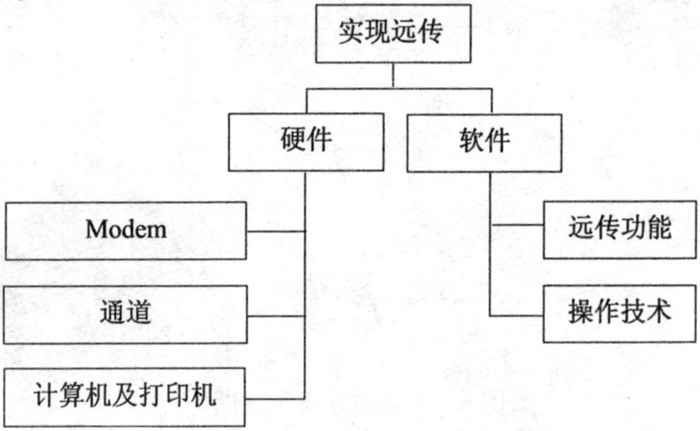

图 7　方案三分析树图

在以上实现录波数据远传功能的 5 个要素中，只有计算机及打印机具备，而其他 4 个要素需进一步解决。

2．制定对策表

小组成员经进一步讨论，针对其他 4 个要素制定对策表（见表 6）。

表 6　对策表

序号	要求	对策	目标	措施	完成时间	负责人
1	Modem	新购置	每台故障录波器有一个 Modem	向工区和生技科申请购置 4 个 Modem，每台录波器安装 1 个	2000 年 9 月 15 日	×××

续表

序号	要求	对策	目标	措施	完成时间	负责人
2	通信通道	增设通道	一个站有一个专用电话	1. 增设专用电话1部 2. 加装专用电话转换开关一个	2000年9月21日	×××
3	远传功能软件	设置软件	使每台录波器能与本班计算机相连	1. 安装有远传功能软件 2. 请厂家来具体指导	2000年9月30日	×××
4	操作技术	培训教育	人人提取录波数据无差错，耗时5分钟以内	1. 对有关人员讲工作原理 2. 进行实际操作演练	2000年9月30日	×××

制表人：××× 日期：2000.08.28

按上述对策，预计投资××××元。报经领导批准后，小组成员分工实施。

七、方案实施过程

实施一：由本小组成员、工区录波专责×××9月2日向工区和生技科提出购置4个Modem申请，经批准，在9月15日购置了三乡站连接4台故障录波器的4个Modem，并于9月17日安装完毕。

实施二：①由组长×××向通信中心申请了三乡站的专用录波通道，号码为2061，在9月18日已开通。②为节省专用录波通道和电话机，由×××、×××于9月21日制作出并在三乡站加装了专用电话转换开关。通过这个转换开关便可以提取任意一台故障录波器的数据了。加装的专用电话转换开关示意图如下：

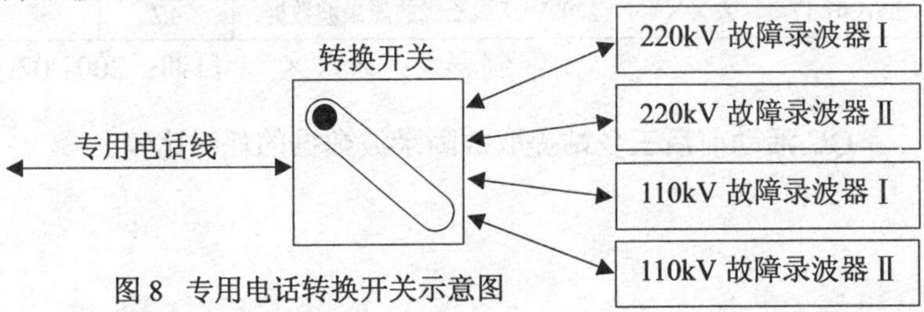

图8 专用电话转换开关示意图

实施三：由×××、×××在9月23日和深圳双合电脑系统有限公司、华北电力大学北京研究生部联系，在三乡站四台WGL-12型故障录波器及本班计算机安装了远传功能的软件，在我班办公室对三乡站的4台录波器各试验了3次，均成功实现了远方提取录波数据。

实施四：为了使全组成员的操作水平有所提高，由×××在9月26日上午给QC小组人员讲解了故障录波器的原理，并在下午在三乡站的四台录波器上进行实际操作演习，使QC小组成员都能熟练操作提取录波数据，做到无差错，并在5分钟以内完成提取录波数据的工作。

八、效果检查

对策实施完毕后，在2000年10月—2001年1月对三乡站的四台故障录波器提取数据工作，检查得出数据如下：

表7　活动效果检查表

工作时间	工作负责人	传送的文件	耗时（分钟）	平均耗时（分钟）
2000.10.21	×××	110kV三神线故障录波数据	4.0	4.3
2000.11.07	×××	110kV三谷线故障录波数据	4.0	
2000.11.23	×××	110kV三板线故障录波数据	4.8	
2000.12.04	×××	220kV海三甲线故障录波数据	4.5	
2000.12.16	×××	110kV三坦线故障录波数据	4.3	
2001.01.13	×××	220kV外乡线故障录波数据	4.3	
2001.01.17	×××	220kV三凤乙线故障录波数据	4.2	

制表人：×××　　日期：2001.02.10

QC活动前后三乡站提取故障录波数据的耗时比较：

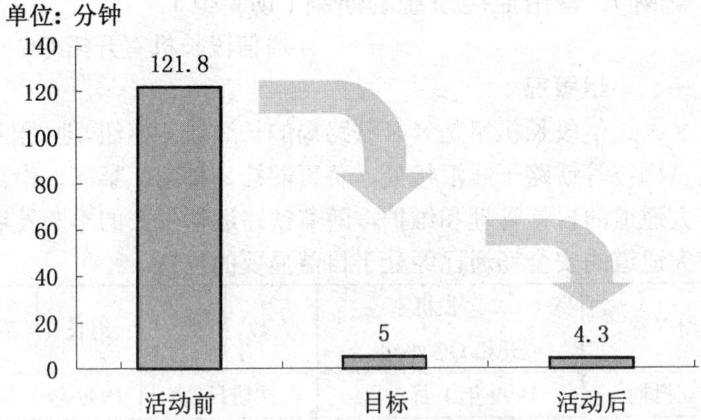

图 9　活动前后效果比较图

本次 QC 小组活动实际投入未超过预算，并达到了预定目标值。同时，有效地缩短了事故分析时间、提前恢复供电，更好地满足了用户的用电需求。

九、巩固措施和推广

1．巩固措施

经变电厂工区领导同意将此新方法纳入《变电工区变电设备检修管理办法》。

2．推广

①向我班的其他成员和继保 2 班推广本 QC 成果。

②经生技科和变电工区领导同意，已制订计划在其他两个变电站推广本 QC 成果。

案例7. 备用监控系统的研制（创新型）

——××通信段长机室开拓QC小组

一、小组概况

××通信段长机室是××铁路局的长途通信枢纽，地处湘桂、黔桂、柳枝等铁路干线汇接处，负责湘桂、柳南、黎湛、南昆等通信大通道的日常管理和维护，随着铁路运输生产的不断发展，通信大通道的安全畅通已经处于日益显要的位置。

<table>
<tr><td colspan="2">小组名称</td><td colspan="3">××长机室
开拓QC小组</td><td>人数</td><td>5人</td><td>组长</td><td>茅守鹏</td></tr>
<tr><td colspan="2">成立日期</td><td colspan="3">1999年1月4日</td><td colspan="2">注册日期</td><td colspan="2">1999年1月4日</td></tr>
<tr><td colspan="2">注册号</td><td>99—1</td><td colspan="2">课题起止</td><td colspan="4">1999年1月—1999年12月</td></tr>
<tr><td colspan="2">活动次数</td><td colspan="3">每月2次</td><td colspan="3">课题活动总次数</td><td>24次</td></tr>
<tr><td colspan="2">本次攻关课题</td><td colspan="3">备用监控系统的研制</td><td colspan="3">课题类型</td><td>创新型</td></tr>
<tr><td rowspan="6">小组成员简介</td><td>姓名</td><td>性别</td><td>年龄</td><td>文化程度</td><td>职务</td><td colspan="3">组内分工</td></tr>
<tr><td>韦洋</td><td>男</td><td>25</td><td>本科</td><td>助工</td><td colspan="3">小组长</td></tr>
<tr><td>刘进兴</td><td>男</td><td>26</td><td>本科</td><td>工程师</td><td colspan="3">信息反馈</td></tr>
<tr><td>王宏</td><td>男</td><td>29</td><td>本科</td><td>工程师</td><td colspan="3">协调分析、设备维护</td></tr>
<tr><td>王筱林</td><td>女</td><td>35</td><td>本科</td><td>高工</td><td colspan="3">技术</td></tr>
<tr><td>茅守鹏</td><td>男</td><td>37</td><td>本科</td><td>高工</td><td colspan="3">技术指导</td></tr>
<tr><td colspan="2">成果资料整理</td><td colspan="7">韦洋</td></tr>
</table>

二、选择课题

1. 问题的提出

• 网管系统运行的不稳定性将严重影响柳衡通信大通道的可靠运行和铁路运输生产安全。柳衡PDH光纤通信系统于1993年12月建成开通以来，已经不间断运行了5万多个小时，网管设备元件日渐老化，使用寿命已经到了极限。在1998年7月曾经发生过一次由于监控系统硬盘损坏导致网管中断长达22个小时的事件。

• 柳衡 PDH 设备网管系统由监控设备和 MDS 中介设备及

ACM 告警设备组成，见网络图：

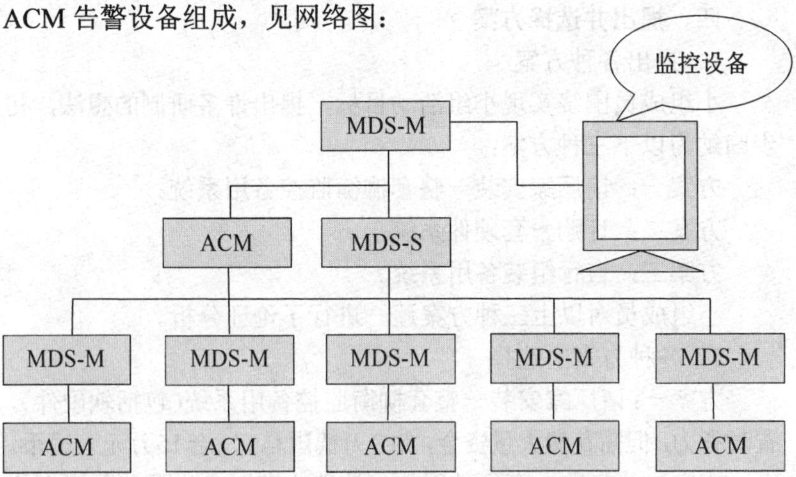

图 1　PDH 设备网管系统

2．确定课题

根据以往经验，发生类似故障后，如果是部件损坏，则需寻找合适部件进行更换，这需要花费一定时间（长短视情况而定，最快也需 2—3 个小时），还要安装系统，如果顺利的话，也需要 7—8 个小时。

在此期间，网管系统无法正常工作，极大地影响了监控系统的恢复使用，造成故障延时长。由于更换部件和重装系统需要的时间无法避免，受通信备用通道的启发，我们决定研制一套监控备用系统，在主用设备故障期间能保证网管的正常工作。因此课题选定：

备用监控系统的研制。

三、设定课题目标

1．与在线监控系统（主机）功能完全一致。

2．每次转换时间<15 分钟（通过现场模拟，如果建立一套监控设备系统，可在 15 分钟内实现主机、备机倒换）。

四、提出并选择方案

1．提出各种方案

小组成员围绕实现小组活动目标，提出许多研制的想法，初步归纳为以下三种方案：

方案一：请厂家安装一整套柳衡监控备用系统；

方案二：订购一套硬件系统；

方案三：自行组装备用系统。

小组成员对以上三种方案逐一进行了论证分析。

2．各种方案的选择

方案一：请厂家安装一整套柳衡监控备用系统（包括软硬件），省时省力，但需花费大量资金，约3万德国马克，合15万元人民币。

方案二：订购一套硬件系统，略费力费时，也需花费资金约1万德国马克，合5万元人民币。

方案三：自行组装备用系统，费时费力，花费资金相对少，约1.9万元人民币。

三种方案流程如下：

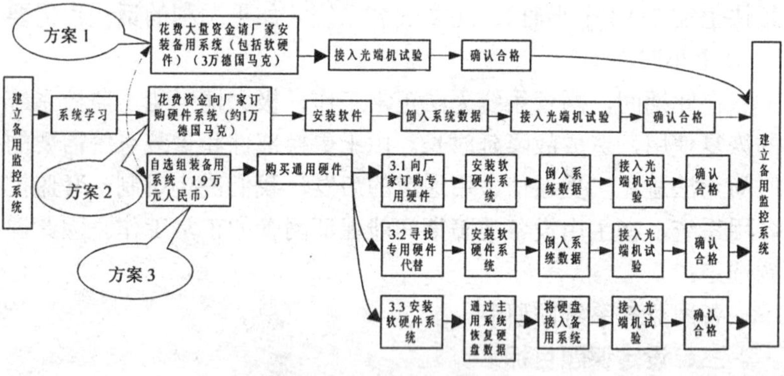

图2　制图：×××　时间：××

针对上述论证，我们又进一步对三个方案的有效性、可靠性、可实施性、经济性进行综合评估打分。

3. 各种方案的评估

表1

方案	有效性	可靠性	可实施性	经济性	综合得分	选定方案
一 请研究单位开发软件系统	◎	○	△	△	10	不选
二 购置硬件系统	○	◎	○	△	12	不选
三 自行安装	○	○	◎	◎	16	选定

注：◎5分　○3分　△1分

经过方案的评估打分，方案三综合评分为16分；

方案二综合评分为12分；

方案一综合评分为10分。

确定方案三为实施方案，自行安装监控备用系统。

五、根据“方案三”的流程制定对策表

表2

序号	对策	目标	措施	完成时间	负责人
1	学习监控主用系统	掌握监控系统原理、组成、配置及应用	1. 外出培训	1999年4月	王筱林
			2. 内部学习	1999年4月中旬	王筱林
2	自行组装一套系统	解决主机的更换问题，使各方面性能均符合要求	1. 将各种机型和配件结合软件进行综合测评	1999年5月	王宏 茅守鹏
			2. 购买、安装配件，组装硬件系统	1999年5月至6月	王宏 王筱林
3	安装必需的软件	使（操作系统、应用软件、数据库等）正常运行	1. 按说明书进行软件安装、测试、验证	1999年7月中旬	王宏
			2. 将原系统数据列入备用系统	1999年7月中旬至8月	王筱林
4	功能试验	使备用监控系统的各项性能和功能与在线监控系统一致	1. 将备用监控系统接入光端机的MDS设备	1999年9至10月	王宏
			2. 试验功能	1999年10月	王筱林

六、方案实施

●实施一

1999年4月—4月中旬

步骤：

1．学习监控系统的原理、组成、配置、应用

2．解决专用硬件问题

3．解决数据倒换问题

效果检查：

对于监控系统的组成和工作原理全体成员有了比较深入的认识，了解了我们的现有基础（技术、人员、物力）与计划目标之间的距离。

针对课题能否实现达成了统一认识："以我们的技术力量，革新经验及对系统的了解，再加上领导的大力支持，完全有能力建成柳衡监控备用系统。"

提出了设计思路："参考主用系统，安装相应硬件和软件；向厂家购买专用部件，并弄清其功能及在系统中的作用，采用其他产品或办法完成相同功能。"

对整个工作进程以及人员分工都做了安排、布置，制订了具体工作计划和分期目标。

●实施二

1999年4月下旬—6月

步骤：

解决主机的更换问题。我们根据三个原则对备用机型进行挑选：

① 与软件版本兼容；② 机型较先进，性能稳定；③ 性价比高。

经过比较，我们挑选了各项性能均符合要求的AST RAVO LC作为我们的备用主机。随后我们根据主机的配置挑选了其他配件。

经学习了解，磁带机 LRWIN 设备是厂家开发的产品，完成

数据备份和恢复，但经调查该设备已停产，市场上也没有相同或类似产品。

我们打算将备用系统硬盘接入主用系统，用 LRWIN 设备将系统数据恢复至该硬盘，然后将硬盘移回备用系统中使用。这一设想是否可行，需要等到硬件安装完成后方可试验。

根据测评结果，我们采购、组装了一套硬件系统，并进行了各项测试，确认该硬件系统符合我们监控备用系统的要求。

效果检查：

经过层层把关，我们成功地组装了硬件系统，各方面性能均符合要求，对专用设备问题也提出了理论上可行的解决方案。

●实施三

1999 年 7—8 月

步骤：

我们按说明书进行软件安装。并进行测试，验证软件运行正常。

按照第二阶段的设想，我们通过备用系统装好硬盘并接入主用系统，但发现由于独特保护措施主用系统不能识别该硬盘。数据不能切换。

我们分析了数据转移的各种方法，作出相关部分新的方案选择图（如图 3 所示）并执行：

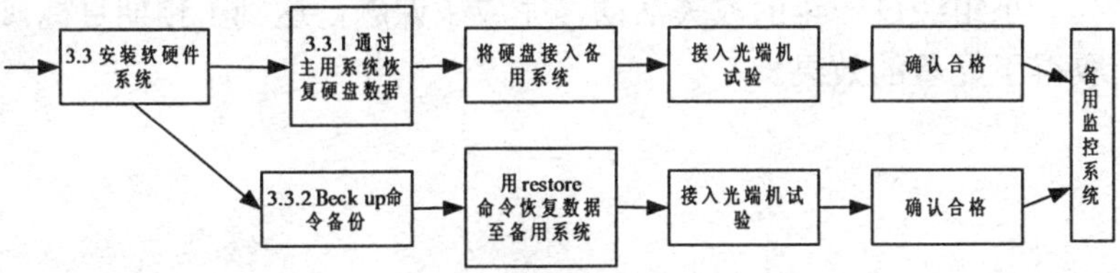

图 3

效果检查：

软件运行良好，与主用系统进行比较，备用系统的用户数据、配置数据、图形数据均显示无误。

●实施四

1999年9—10月

步骤：

我们将备用监控系统接入光端机的MDS设备，试验其功能。

在光端机上人为制造各种故障（如2M丢失，输送AIS码等），监控系统应能立即发出声光告警，显示正确故障信息和地址。同时在指令表中也有相应的故障告警信息存在。

试验备用监控系统对光端机设备的控制功能。运用指令表，对光端机进行各项功能设置，系统应有正确回应。

试验备用监控系统的当前告警、历史告警的查阅和打印功能。当前告警和历史告警应可在相应窗口查阅并能打印。

试验备用监控系统的安全性能：更改系统配置应提示输入安全密码，密码不正确应拒绝进入。

试验备用监控系统的屏幕保护功能：不对监控系统进行任何操作，到设定时间应能自动进入屏幕保护状态。

效果检查：

经过长时间的严密测试，证实备用监控系统的各项性能指标均符合要求，并可以正确地接收各种告警信息和完成对设备的指令操作。

七、效果检查

小组经过一年的攻关活动，完成了课题，达到了预期目标，取得了显著的效果。

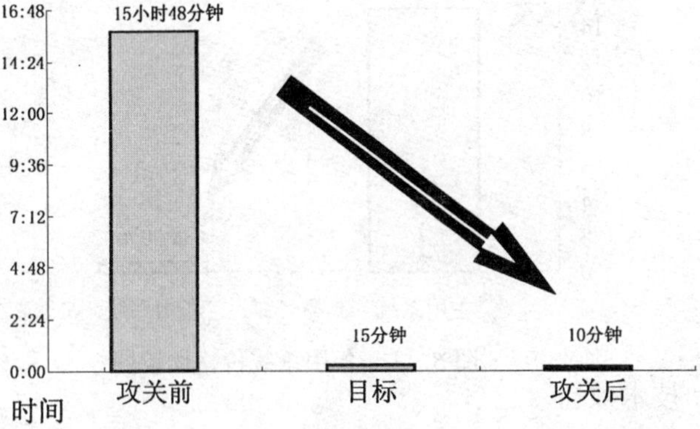

图4　延时时间比较图

1．目标值完成情况

××通信段是××铁路局的通信枢纽，负责和指挥全局通信网的正常安全运作。本课题的实施加强了我们的网管指挥能力，特别是在今年2月份，主要系统又发生了一次硬盘数据丢失故障，当时我们立即采用了备用监控系统，结果在10分钟内就实现了主备倒换，恢复了网管的正常工作，与1997年、1998年的监控设备平均故障延时15小时48分钟相比，大大缩短了处理时间，保证柳衡通信大通道处在严密、有效的控制之下，为铁路运输生产的安全和畅通提供了强有力的保障。

2．经济效益

• 本课题共支出经费6000元人民币，如果通过厂家购买一套与主用系统一样的设备，需花费大约3万德国马克，折合人民币约15万元，节约资金14.4万元人民币。

• 组建备用监控系统，加强了网管指挥能力，降低了故障发生率，缩短了故障处理时间，保证铁路运输生产的正常运行。其带来的间接经济效益是无法估量的。

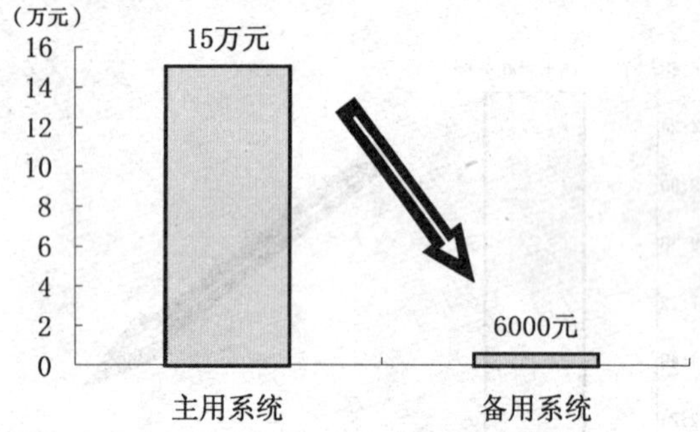

图 5 主、备用系统价格比较图

3．技术效益

这次攻关活动使我们积累了不少经验，总结了一套系统的网管安装和维护办法，为今后各类网管的维护工作打下坚实的基础。

八、巩固措施和今后打算

该 QC 小组成果，经过技术处提出，总工程师批准，已将柳衡监控设备系统的使用说明、应急措施、软硬件的维护保养等纳入 2000 年《监控系统管理规定》，新增的备用监控设备也已纳入相应的设备台账。